前 言

一个企业做大做强的原因是什么？这是电商企业家经常向编者提出的问题。电商企业与传统企业有很大的不同：电商企业变化迅速，企业可能在今年是行业头部，到了明年就可能面临倒闭的风险。

我们都知道“二八定律”，即 20% 的企业往往占有整个商业社会 80% 的商业价值，20% 的产品往往贡献了一个企业 80% 的销售额。企业如何识别出这 20% 的产品？这是许多企业都关心的问题。很多企业可能由于发现不了这 20% 的产品，而无法做大做强。引用互联网的语言来讲，这 20% 的产品就是爆款，也就是我们通常所说的热销款。

可以发现，有时仅靠几个爆款就可能养活整个企业，这样的企业可以被称为单品大爆款企业。例如，绿箭和益达口香糖就是箭牌糖果的爆款。所以，几款产品可能养活一个企业，并不是一句空话。

那么，为什么有的产品能够在市场上脱颖而出？为什么 80% 的销售额可能由几款产品创造？这些产品到底凭借什么优势从众多产品中突围？大部分时间里，编者致力于研究商业规律，希望能够找到企业经营最重要的窍门，这个窍门可以让企业从小到大、由弱变强，能够适应转型，也能适应跨行业发展。最终编者发现，企业做大做强的原因往往在于产品力重塑。

产品力往往是企业最重要的竞争力。这句话通俗易懂，简单直白。这似乎是人人都懂的道理。但是，正是人人都懂的道理才更容易被人忽略。在经营中，我们重视营销推广，重视名人代言，重视品牌包装，重视定价，重视销量，却可能忽略了产品力。

产品力是什么？产品力指的是产品内在的竞争力。产品力可以被视为企业发展的基础，营销推广则起到增强其效果的作用。只有产品力持续存在，企业才可能实现 10 倍、100 倍乃至 1000 倍的增长。产品力持续多久，企业的竞争力往往就持续多久。如果产品力不复存在，再多的营销推广都难以拯救企业。

评估产品力优秀与否的一个重要指标是什么？那就是产品能否在市场竞争中成为爆款，爆款是企业突围的关键。

在许多情况下，一个成功的爆款可以帮助企业突破市场，并通常有助于品牌的建立，爆款开发是品牌发展中常见的一种策略。

爆款内衣成就了蕉内；

爆款牛奶成就了认养一头牛；

爆款奶酪棒成就了妙可蓝多；

爆款牙膏成就了参半；

爆款泥质面膜成就了御泥坊；

爆款防晒乳成就了薇诺娜；

爆款精油成就了阿芙；

爆款香薰成就了观夏；

爆款防晒伞成就了蕉下；

爆款衬衫成就了利郎；

爆款空气净化器成就了三个爸爸……

尽管蕉内拥有较高水平的团队和运营能力，但可能在转型销售面膜产品时，面对御泥坊等专业护肤品牌的竞争，就难以取得胜利。

御泥坊作为专业护肤品牌，尽管尝试加入精油品类并进行大力推广，同时也借助原有粉丝群体进行营销，但在与阿芙等专业精油品牌竞争时，可能仍存在挑战。为什么？因为品牌的突围通常是靠爆款实现的。爆款一旦形成，就容易成为消费者心中固定的品类标签，所以优秀的品牌通常是品类的代表。而一个品牌是靠什么突围的呢？一个品牌的突围通常是靠一个核心卖点，一个核心卖点通常可以成就一个品牌。

“奶牛养得好”这个核心卖点成就了认养一头牛；

“大码内衣”这个核心卖点成就了奶糖派；

“无尺码”这个核心卖点成就了 Ubras；

“100% 棉”这个核心卖点成就了全棉时代；

“0 胶水”这个核心卖点成就了栖作；

“424 科学配比”这个核心卖点成就了三谷；

“适合中国宝宝体质”这个核心卖点成就了飞鹤……

核心卖点通常是本品牌区别于其他品牌的关键因素。在新产品上市时，企业能否找到恰当的卖点，是产品能否畅销、品牌知名度能否提升的重要影响因素。所谓卖点，是指产品具备的与众不同的特点与特色。

本书主要讲解如何提炼产品的特点与特色。引爆品牌卖点，就要找到产品卖点。本书通过大量的案例来介绍卖点提炼的思路，从而让读者理解每个卖点背后的逻辑，以及它们是如何被设计出来的。本书并不是在介绍文案的写作技巧，而是侧重于阐述产品的突围思路，即如何策划一款与众不同的产品。本书汇集了编者多年品牌策划的经验，书中提供了丰富的卖点设计思路，相信可以带你进入卖点设计的领域。

本书梳理了品牌策划人员常用的思维方式，并且在第三篇提供了工具表格，帮助读者结合企业的产品进行头脑风暴。虽然本书选取的大部分案例是电商案例，但是也可用以指导其他产品的品牌策划。

本书第 1 版出版于 2017 年，颇受读者欢迎。近年来我国市场发生了巨大变化，许多新品牌诞生并快速成长。为了让读者更好地结合当前市场的最新特点，有针对性地设计卖点，编者对本书内容进行了更新和补充。第 2 版最大的特点是收录了众多新品牌案例，理论体系也更加成熟，加入了更多新概念、新观点，同时更新了相关材料。

如果你是一个新读者，那么欢迎你开始踏上引爆卖点的旅程；如果你已经读过上一版，那么希望新版能给你全新的启发！

编者

2025 年 1 月

目录

孙清华 黄靖 编著

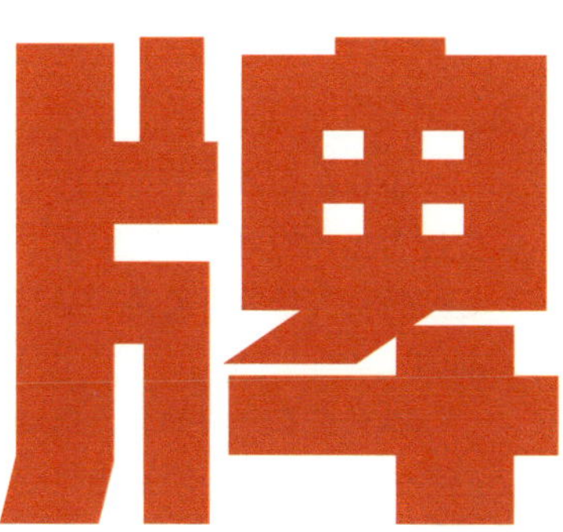

解密电商爆品的策划思路 第2版

人民邮电出版社
北京

图书在版编目（CIP）数据

引爆品牌卖点 ：解密电商爆品的策划思路 / 孙清华，黄靖编著. -- 2版. -- 北京 ：人民邮电出版社，2025.
ISBN 978-7-115-65509-7

Ⅰ. F713.365.2

中国国家版本馆CIP数据核字第2024KD7352号

内 容 提 要

企业在新产品上市时能否为其找到恰当的卖点，是产品能否畅销、品牌知名度能否提升的重要影响因素。所谓卖点，是指产品具备的与众不同的特点与特色。这些特点与特色可能是产品与生俱来的，也可能是品牌策划人员通过创意赋予产品的。

本书主要介绍如何提炼这些特点与特色，也就是找到产品卖点的方法。本书内容包括三篇——卖点进化论、破解卖点密码和卖点设计风暴。本书通过分析大量的产品策划案例，梳理了当前很多品牌策划人员常用的思维方式，并提供了一些工具表格，以便帮助读者进行头脑风暴。

本书可作为品牌策划人员、产品经理的参考书，同时也适合各类电商从业人士阅读。

◆ 编　　著　孙清华　黄　靖
　责任编辑　陆冠彤
　责任印制　陈　犇

◆ 人民邮电出版社出版发行　　北京市丰台区成寿寺路11号
　邮编　100164　　电子邮件　315@ptpress.com.cn
　网址　https://www.ptpress.com.cn
　廊坊市印艺阁数字科技有限公司印刷

◆ 开本：880×1230　1/32
　印张：5.75　　　　　　2025年4月第2版
　字数：119千字　　　　2025年6月河北第2次印刷

定价：49.80元

读者服务热线：(010)81055256　印装质量热线：(010)81055316
反盗版热线：(010)81055315

卖点进化论

1. 核心卖点

企业在新产品上市时能否找到恰当的卖点，是产品能否畅销、品牌知名度能否提升的重要影响因素。所谓卖点，指的是产品所具备的与众不同的特点与特色。这些特点与特色一方面来源于产品的固有属性，另一方面是品牌策划人员通过创意赋予产品的。无论这些特点与特色从何而来，只要能将其落实于营销的战略、战术中，将其转化为消费者能够接受、认同的利益和效用，就能实现产品畅销和品牌知名度提升的目的。

卖点可以从多种角度进行阐述，如材质、外观、工艺等。但是核心卖点通常只有一个，就是能够体现这个产品核心竞争力的特点或特色。核心卖点可以被视为撒手锏，可以马上被消费者记住，有助于突出产品与其他竞品的差异。竞争力和区分度是评估核心卖点的两个要素。

案例 1　内衣的卖点和核心卖点

众多内衣品牌的卖点同质化严重，主打舒适为卖点。仅靠这样的卖点，可能难以吸引消费者。而蕉内找到了自己的核心卖点，从而在市场上脱颖而出。

蕉内的核心卖点是“体感科技”，利用科技手段对传统内衣的缝制标签进行了改良。蕉内采用内印无感标签技术（见图 1-1），让内衣穿起来不扎人，穿着时的体感更舒适。虽然此卖点同样强调舒适，但“体感”的表达更直观形象，更可能引起消费者的共鸣。而“科技”一词的使用不仅增强了新颖感，还展示了产品的专业性，所以“体感科技”能和普通的“舒适”卖点形成区别。这让蕉内以一个崭新的形象出现在内衣市场，并在内衣市场中取得了不错的成绩。

图 1-1　蕉内用科技手段实现标签内印

后来，很多品牌模仿并推出类似的卖点，但似乎难以撼动蕉内在行业的领先地位。于是，一些品牌开始谋求突围之道。

有棵树作为新兴品牌，找到了自己的核心卖点——抗菌。“抗菌”意味着长时间穿着后也不易滋生细菌，从而可能减少细菌引起的皮肤红肿、瘙痒等不适症状。虽然卖点同样关乎舒适，但不同的表达会令人耳目一新。因为当时市场上少有内衣品牌提出“抗菌”的卖点，所以有棵树的抗菌内衣一经推出便吸引了大量关注。为了实现有效抗菌，有棵树创新性地采用了高温除菌塑封包装，从包装上隔绝细菌来保证内衣的干净，同时它还选用纯棉面料以期提升抗菌性能，解决由内衣滋生细菌导致的穿着不适问题。最终，“抗菌”这一核心卖点（见图 1-2）让有棵树获得大批消费者的喜爱，该品牌从此在市场上站稳了脚跟。

纯棉+抗菌
远离异味×拒绝瘙痒

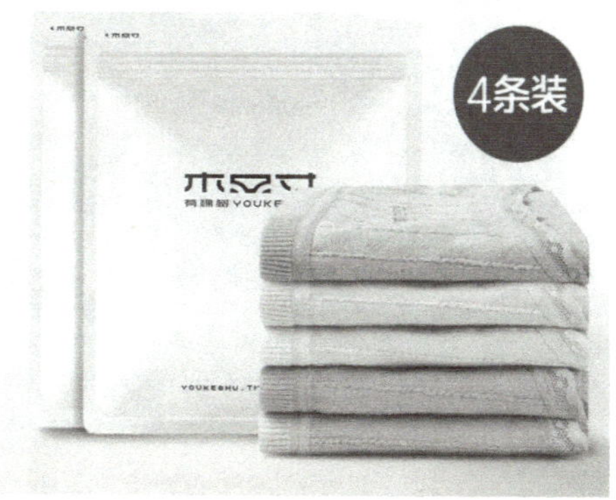

图 1-2　有棵树的核心卖点

“舒适”是一个多维度的概念，其内涵可以有多种表达方式。近几年，内衣品牌 Ubras 以其创新的“无尺码”概念异军突起。Ubras 提出的“无尺码内衣”概念（见图 1-3），虽然同样是以舒适为卖点，但这个表达明显不同。所谓的“无尺码”，是指用一种特殊的面料，从而让同一件内衣能适应不同身材。“无尺码”这一概念让人感到这种内衣有更好的弹性，穿起来无束缚，似乎不用试穿都合身。这个核心卖点一经推出，便产生了大幅提升品牌知名度的效果，让 Ubras 这个新品牌在短短几年内迅速崛起。

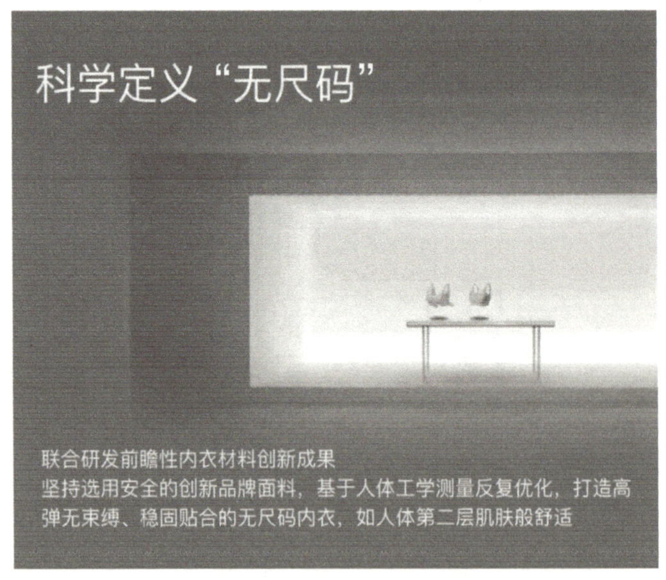

图 1-3 Ubras 的核心卖点

品牌成功突围通常由核心卖点驱动，而非仅靠普通卖点。核心卖点往往是品牌的某款产品与同类产品相比更具竞争力的特质。

为什么具备核心卖点对产品实现市场突围至关重要？因为随着商业竞争加剧，产品同质化越来越严重，普通卖点难以吸引消费者。尤其是在电商竞争中，全国的商家都在同一个平台竞争。比如在某电商平台，当前在售的连衣裙有 1300 多万件，在售的女包有 300 多万个，在售的牛仔裤有 448 多万条……面对市场上众多产品，同质化现象日益严重，那么会导致大家采取什么市场行为呢？答案是价格战。

这解释了为什么许多电商卖家难以避免价格竞争，因为他们往往要关注与自身销售相同产品的对手的售价。

产品的卖点很多。在电商行业的发展过程中，你会发现每一个产品自它上市的那一刻起就有各种各样的卖点，但很多卖点往往已经被同行使用了。

当你在网上搜索某个产品时，商家会从多种角度展示各自卖点。正如一千个人眼中有一千个哈姆雷特，一千个商家眼中也有一千个卖点。

案例 2　酸奶的卖点

众所周知，食品饮料一直是竞争激烈的行业，酸奶这种产品为了从同行中脱颖而出，往往需要打造出强有力的核心卖点，以此赢得消费者的青睐，因此酸奶市场的卖点也非常多样。我们来看看近几年酸奶品牌在打造核心卖点方面下的功夫。

酸奶要喝营养的——乐纯强调酸奶“三倍”的营养，由浓缩三倍牛奶制成的酸奶蛋白质含量高。

酸奶要喝纯净的——简爱强调“无添加”的酸奶，除了生牛乳、糖、乳酸菌，没有其他添加剂。

酸奶要喝植物原料的——农夫山泉旗下的植物酸奶提出“植物的，更健康”，对“三高”（高血脂、高血压、高血糖）人群友好。

酸奶要喝熟的——兰格格强调“熟酸奶，更好喝”，口感更佳，优于普通酸奶。

酸奶要喝好玩的——今时代酸奶以搭配谷物食用为特色，既美味又营养。

酸奶要喝助消化的——伊利旗下的畅轻强调酸奶中添加了益生菌，有助于促进肠胃消化。

酸奶要喝适合国人体质的——蒙牛旗下的优益C强调酸奶要适合国人体质，旨在减少乳糖不耐受。

酸奶要在餐后一小时喝——卡士旗下的“餐后一小时”酸奶专门为饭后享用而设计。

…………

酸奶行业的卖点异彩纷呈、百花齐放，这可能导致消费者在众多同质化的产品中，很难一眼看到你的产品。所以一个产品要实现突围，需要找到核心卖点。

从上述案例中可以发现，核心卖点是可以策划的，针对酸奶这种产品，可使用多种策略来打造其核心卖点。

那么，什么样的特征可以使得一个卖点转化为核心卖点？

首先，这个卖点是超级卖点，具有超越同行的竞争力。

其次，这个卖点是新卖点，和同类产品相比更新颖。

最后，这个卖点是独家卖点，具有唯一性，难以被轻易复制，为品牌所独有。

2. 超级卖点

超级卖点能够显著超越同类产品的卖点，从而具有更强的竞争力。

举个例子来阐释何为超级卖点。

案例3　认养一头牛：牛奶的超级卖点

在牛奶行业，商家为了获得竞争力，都在强化卖点。仔细观察可以发现，很多牛奶卖点都比较普通，主要关注产品本身，它们通常强调的是牛奶的品质优、风味好或者口感佳等，缺乏传播性和故事性。

一些牛奶品牌为了增强市场竞争力，开始“卖产地”。例如，声称自家的牛奶是“源自优质牧场”的，跟其他品牌的产品相比，这样的牛奶就有了一定的竞争力。许多消费者认为，牛奶的品质与其奶源地密切相关，因为品牌能够掌控奶源，产品更值得信赖。

于是，相比于单纯地“卖产品”，“卖产地”使得品牌获得了额外的竞争力，也有了一定的特色。但是因为这个卖点很容易被复制，且复制成本较低，它本身不足以构成超级卖点。

近几年有一个新品牌“认养一头牛”成为热门品牌。这个品牌提出了一个超级卖点“奶牛养得好，牛奶才会好”（见图 1-4）。它为何能成为超级卖点？因为此卖点不仅超越同行的常规卖点，更触及理念层面，引导消费者形成新的消费理念。

图 1-4　认养一头牛的超级卖点

“奶牛养得好”，是一种全新的消费理念。此前，少有同行强调养好奶牛的理念，而认养一头牛让消费者认识到，还有一种更好的选择。产地好只是产出好牛奶的基本要求，而奶牛养得好才是更高层次的要求，养得好的奶牛产出的牛奶会更好，这个卖点重构了市场认知。此后，很多消费者倾向于选择购买认养一头牛的产品，品牌销量显著提升。

当众多品牌强调牛奶品质好、产地优时，认养一头牛另辟蹊径，用“奶牛养得好”来定义自己，让消费者按照“奶牛养得好”的标准来理解、评估产品，可以说是较为明智的举措。

为此，认养一头牛还为“养得好”制定了具体的标准——保证奶牛“住得好、吃得好、心情好”。所以，这个品牌的奶牛一天的伙食费高达80元，奶牛会听音乐、享受按摩和药浴。

许多消费者对这种待遇感到惊讶，认为该品牌对奶牛的待遇非常人性化。认养一头牛的卖点与同行的卖点存在显著差异，刷新了消费者认知，所以认养一头牛的品牌传播速度非常快。

许多消费者觉得认养一头牛的牛奶与众不同，因为该品牌的奶牛是听着音乐长大、享受按摩时产奶。这很容易让人联想到喝下去的每一口奶都是非常新鲜、可口的。

这也可能是该品牌牛奶畅销的重要原因，该品牌成功策划了超越同行的超级卖点。

上文讲了一个牛奶品牌如何用超级卖点破局，那么，一张洗脸巾又该如何在市场上脱颖而出？全棉时代给出了这一问题的答案。

案例4　全棉时代：绵柔巾不等于棉柔巾

洗脸巾市场的竞争激烈程度不亚于牛奶市场，在这个市场中，卖点创新似乎有限，消费者对洗脸巾往往不会有太多的选择标准，这为卖家带来了创新的挑战。那么，全棉时代是如何在这样的市场上突出重围的呢？

全棉时代找到了一个超级卖点，告诉消费者“绵柔巾不等于棉柔巾”（见图 1-5）。这个卖点刷新了消费者认知，为消费者提供了新的购买选择。

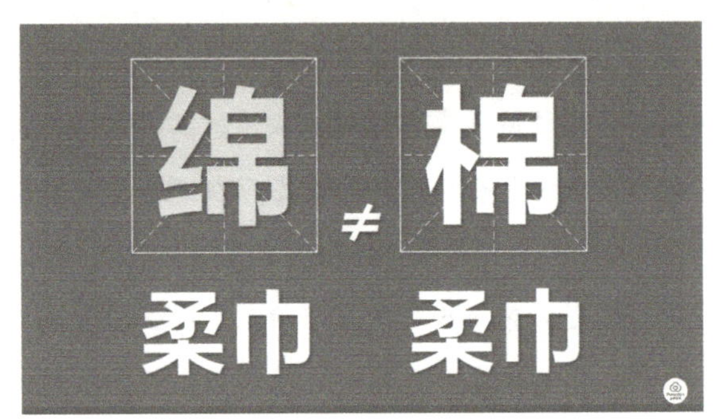

图 1-5　全棉时代的广告宣传语

关于这一点，全棉时代进一步阐释：市面上有两种洗脸巾，它们之间存在差异。一种是绵柔巾，掺杂了化学纤维；另一种是全棉时代的棉柔巾，用 100% 的棉花做成。前者可能会让消费者的皮肤敏感，而全棉时代的产品则对皮肤更加友好。

消费者在了解产品特性后，可能会重新评估他们的选择。因为新的理念已经在消费者心中形成了——全棉材质是选择洗脸巾的一个重要考量。

可见，超级卖点会影响消费者观念，进而影响其购买行为，因为消费者的购买行为受观念影响，而品牌理念会直接影响消费者观念。因此，消费者一旦接受了品牌的理念，往往更倾向于选购该品牌的产品。

超级卖点可以在一定程度上提升品牌的竞争力，使同行在短期内较难与之抗衡。如果同行追随全棉时代，提出相同卖点，可能会被市场视为跟随者，进一步提升全棉时代的市场地位。

超级卖点的厉害之处在于其赋予品牌较强的销售力，且具备一定的防守力，让对手难以与之竞争。值得一提的是，尽管全棉时代的洗脸巾的价格较高，但很多消费者仍倾向于选择它。所以这个超级卖点，让全棉时代远远超越了同行。

超级卖点，往往能使品牌在同类产品中迅速突围，让品牌具有爆发力，让产品具有更强的竞争力。

超级卖点旨在跳出同行普通卖点的层级，进入一个新的层级来进行品牌营销，对竞争对手实行降维打击。那么卖点是如何分层级的呢？

三流的企业卖产品；

二流的企业卖品牌；

一流的企业卖理念。

基于产品自身的竞争属于较低层级的竞争，这是因为基于产品自身的卖点较容易被同行借鉴。而基于品牌的竞争属于较高层级的竞争，它将竞争提升到了一个新的层级。而卖点竞争的更高境界是基于理念的竞争，理念跳出了产品和品牌层级，商家传递给消费者一个新的理念，并对其购买行为产生一定的影响。理念型的卖点因此成为更具影响力的卖点。

策划超级卖点，意味着策划一个相较于同行的卖点层级更高的卖点，从而将竞争的焦点从产品上升到品牌乃至理念。

案例 5　三流的企业卖产品

哺乳枕是妈妈喂奶时常用的重要辅助产品，市场体量很大，利润也相当可观，众多企业纷纷进入了这个市场，提出各种卖点抢占市场。下面以哺乳枕为例来介绍卖点的层级。

围绕哺乳枕产品，很多企业找出了有一定竞争力的卖点，包括：

防螨抗菌哺乳枕；

零压力护脊椎哺乳枕；

彩棉哺乳枕；

无印染哺乳枕；

负离子填充物哺乳枕；

零致敏哺乳枕；

仿子宫设计哺乳枕；

会变化的哺乳枕——可以变成学坐枕、护腰枕；

立体护脊枕窝哺乳枕（见图 1-6）；

…………

尽管以上卖点都能在一定程度上打动消费者，但这些基于产品的卖点也容易被同行借鉴。因为这些卖点强调的是产品的基础功能，如果生产工艺逐步接近，这些卖点就可能沦为普通卖点。因此产品自身的卖点很难成为企业持久的卖点。

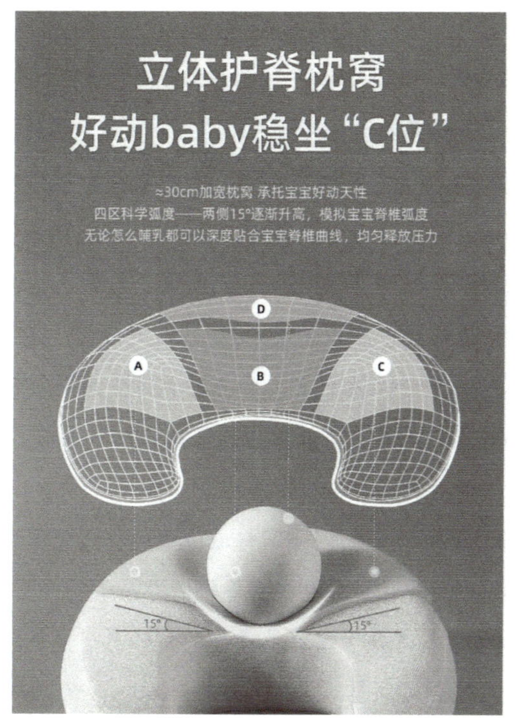

图 1-6　立体护脊枕窝哺乳枕

案例 6　二流的企业卖品牌

当产品层级的卖点变成同质化卖点时，企业往往需要通过其他方式获得竞争优势，因此，品牌层级的卖点成为重要考虑角度。

品牌层级的卖点超越了产品本身，相对于产品层级的卖点，可以被视为超级卖点。因此，品牌层级的卖点该如何策划呢？基本策划路线如下。

（1）国际路线——国际品牌。鉴于某些消费者可能对国际品牌有认同感，例如，强调其是源自英国的品牌、丹麦进口品牌。

（2）专家路线——专家研究成果、医生推荐和研究院认证。通常大品牌会强调自己的实验室团队和专家团队，而小品牌可能缺少这些资源。这些大品牌在宣传介绍中，可能会说自己的哺乳枕是专家联合研发的，或者请医生推荐产品。

（3）名人路线——名人代言。名人的代言费用通常较高，能请到名人代言的品牌通常具备一定的财力。这也从侧面反映了品牌的实力，一定程度上有助于增强消费者的信任感。

（4）软实力路线——强调国家权威检测认证、全国连锁企业、出口贸易能力、欧洲标准认证专利技术等软实力。

品牌层级的卖点有助于增强消费者的信任感，当产品基本卖点相似时，消费者可能会优先选择有品牌力的产品。

案例7　一流的企业卖理念

理念层级卖点的推出可以改变消费者的决策观念和消费习惯，重塑决策过程，让消费者根据卖点来评估行业标准。

例如，当很多商家还在关注哺乳枕是否为彩棉材质的和是否具有抗菌性能的时候，“坡度15°的哺乳枕”成了许多妈妈选择的新标准。

据悉，宝宝吸奶时容易吐奶可能是因为宝宝吸奶时身体角度不当。哺乳枕的坡度控制在15°的时候，宝宝的身体能被适度抬高，这可以在一定程度上能减少吐奶、呛奶问题的发生。因此，坡度 15° 可能成为妈妈们购买哺乳枕的新标准，不符合这个标准的哺乳枕可能未充分考虑宝宝吐奶和呛奶的问题。坡度 15° 的哺乳枕广告见图 1-7。

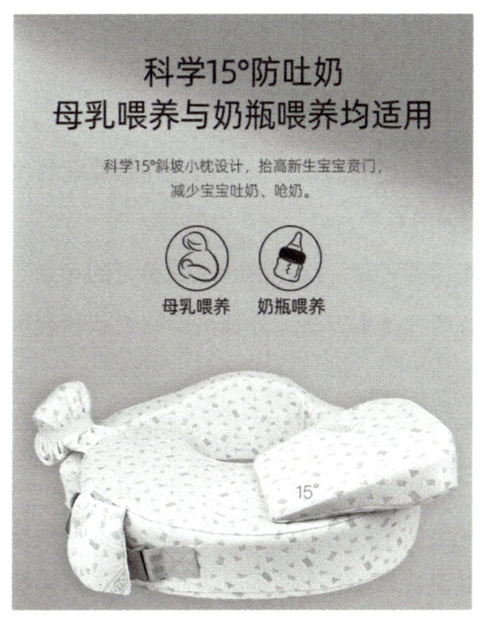

图 1-7　坡度 15° 的哺乳枕广告

理念层级的卖点对整个行业具有一定的冲击力，它超越了产品和品牌的层级，是更高层级的卖点。理念也可以进一步细分为产品理念、品牌理念和认知理念，所以卖点还可以再升级。总之，超级卖点之所以称为超级卖点，是因为它具有超越一般层级的竞争力，还具有超越一般产品的特别之处。

通过以上案例可以发现，品牌若想实现突围，需要打造超级卖点。这个卖点能让消费者明显感到它是具有超越性的卖点。基于这个标准，商家可以看看自己的产品是否具备超级卖点；若尚未具备，应当从现在开始思考产品的超级卖点是什么。

3. 新卖点

如果你的产品跟你的同行有所不同，并具有新的卖点，那么这个卖点通常具有较强的竞争力。

新卖点是指消费者第一次接触时感到新奇的卖点。那么，如何策划新卖点呢？有两种基本方法，分别是认知刷新和表达刷新。下面用案例来说明。

案例8　华为智能手环“情感”破局

在智能手环市场中，各个品牌都在强调不同的功能卖点。有的品牌着重于运动监测功能，有的品牌突出睡眠健康监测功能，还有的品牌在消息提醒功能上下功夫，用户面对五花八门的智能手环产品和各种各样的功能宣传，往往会陷入困惑，很难分辨出哪些智能手环是真正优质且独具特色的。

大部分品牌都在这些传统的功能维度展开竞争，产品之间很难有明显的区分度。然而，华为推出了以“情绪感知”为特色的智能手环。这一理念得益于华为“玄玑感知系统”的研发与应用。

尽管智能手环能够记录运动数据和睡眠健康指标，但如果不能深入了解用户的情绪状态，手环对用户健康关怀的覆盖可能仍然有限。实际上，情绪对一个人的整体健康和生活质量有着深远的影响。因此，能够从根源上感知用户情绪，有助于为用户提供更全面的健康管理和生活辅助，让用户持续保持良好的身心状态。

“情绪感知”这一创新卖点促使消费者在选择智能手环时，不仅关注运动和健康监测等功能，也开始重视情绪感知能力，这款智能手环的推出，让用户有了全新的消费理念。在市场推广中，华为不断宣传其“玄玑感知系统”特有的高科技传感器——作为情绪感知的核心部件，这种传感器能够监测用户的细微生理变化，并结合算法分析，有效地感知用户的情绪状态，如紧张、焦虑、放松、愉悦等，从而辅助用户了解、改善和管理情绪（见图 1-8）。

图 1-8　智能手环的新卖点

随着华为持续的宣传推广，用户逐渐形成了新的认知，含有“玄玑感知系统”这种情绪感知功能的智能手环在个人健康管理和生活体验改善方面更好。于是，这种情绪感知功能成为智能手环市场中一个新兴且备受瞩目的标准。其他品牌受到启发，纷纷尝试效仿或投入研发类似的情绪感知技术，以避免在竞争中落后。而华为也凭借“玄玑感知系统”这一创新卖点，在智能手环市场中脱颖而出，占据了自己的一席之地。

这表明，当产品拥有区别于同行的新卖点，并且这个卖点能够刷新用户认知时，就会具有强大的竞争力。而要策划这样的新卖点，就需要深入挖掘用户潜在需求，打破传统认知边界，为用户带来全新的产品价值理念。

为什么要有新卖点？因为消费者通常更喜欢新的东西，更愿意接受新的事物，所以对新卖点的关注度会更高。

新卖点有助于产品快速地实现突围。一个崭新的角度，通常容易被消费者快速关注和认可。消费者对过时的产品，往往缺乏消费欲望，而新产品容易勾起消费者的好奇心，从而让消费者产生消费欲望。

因此商家要不断创新，更新卖点，构建消费者新的认知体系。如果一个卖点是同类产品里的新卖点，那么具有这一卖点的产品可能会具有更强的竞争力。

案例 9　九阳："不用手洗"破壁机

在破壁机市场中，尽管市场看似繁荣，却暗藏着许多消费者痛点。例如，破壁机使用完毕后的清洗难题常常令人头疼。消费者渴望一款能兼顾料理制作与便捷清洗的破壁机，市场需要这样的创新突破。

九阳新款破壁机能够崛起的原因是它提出了"不用手洗"这一新卖点，使消费者形成了新的认知：购买破壁机可以选择不用手洗的产品（见图 1-9）。

图 1-9　"不用手洗"的破壁机

"不用手洗"卖点的策划源自九阳对市场的洞察。当时市面上的破壁机主要有两类：一类是需要人工清洗且耗时的破壁机，这类破壁机清洗工作较为烦琐。另一类是简易清洗破壁机，虽然声称便于清洗，但实际上只是在结构设计上做了一些改进，比如在杯体内部增加了简单的冲洗装置，但这些改进并不足以彻底解决清洗难题。

九阳提出“不用手洗”的新卖点，吸引了消费者的注意，为破壁机市场带来了新的发展方向。这种破壁机不仅能制作出美味的豆浆、鲜美的果汁等各种饮品，还能自动进行深度清洗，实现“不用手洗”。

如此一来，“不用手洗”破壁机的出现改变了消费者对破壁机清洗便利性的认知，让他们意识到存在一种既能轻松制作各种美味料理，又能确保使用后清洗便捷且卫生的破壁机，为消费者带来了全新的使用体验。消费者不再需要为清洗工作而烦恼，这可能使他们更愿意使用破壁机，而该品牌也因此获得了消费者的喜爱。

于是，九阳“不用手洗”破壁机凭借卖点创新，迅速成为各大电商平台破壁机品类的畅销单品，在破壁机市场中占据了显著地位。

新卖点的影响力极大。新卖点每一次的出现通常都会产生深远的影响，会更新消费者的认知，也可能会推动行业进行产品升级。因此商家要设法找到新卖点。而策划新卖点的另一种方法则是“表达刷新”，即换一种方式表达同一个卖点，例如从“氧吧空调”到“新风空调”。

案例 10　新卖点之表达刷新法

许多长时间处于空调房的消费者面临的问题是，室内二氧化碳浓度偏高，氧气不足，长时间处于这种环境可能导致头晕目眩。

因此，多年前，在空调市场上出现了一种深受消费者喜爱的产品“氧吧空调”。“氧吧空调”这一卖点的表达方式，让人感到空调能创造富氧效果，让自己仿佛处在充满氧气的空间里，要更有活力，所以这个卖点受到很多消费者的喜爱。海尔空调也凭借这个新颖的卖点，在竞争激烈的空调市场中迅速获得竞争优势。

经过多年的市场变迁，海尔空调又提出了一个新卖点“新风空调”。这个卖点再次在空调市场产生了重大影响，很多消费者对“新风空调”的卖点青睐有加。

与“氧吧空调”相似，“新风空调”主打的也是增氧功能（见图 1-10），但“新风空调”的卖点表达更有吸引力，它让人感觉自己仿佛置身于开放空间，享受清新的风源源不断吹来。

图 1-10　“新风空调”的广告

因此，海尔空调通过产品概念的表达刷新，提升了产品价值，并且实现了销量提升。

案例 11　“可奔跑”也是一种表达刷新

许多消费者购买高跟鞋后，常常会觉得不舒适。人们普遍认为，穿高跟鞋容易磨脚，久穿会不舒服，需要一段时间才能适应。

因此，高跟鞋品牌都在强调“舒适性”这一特点，舒适逐渐成为一个常见的卖点。舒适是一种主观的感受，它没有统一的具体标准，因为每个人对舒适的理解是不一样的。

近年来，新品牌 7or9 脱颖而出，它提出“可奔跑的高跟鞋”的新卖点（见图 1-11），这一卖点一经推出，便吸引了众多消费者的目光。

“可奔跑”的表达妙在何处？一是更新颖。这种新颖的表达方式令人耳目一新，能吸引消费者注意。二是更形象。虽然同样是表达舒适的意思，但“可奔跑”的表达营造出画面感，容易被感知，让消费者更为直观地感受到高跟鞋的舒适。三是具有明显的竞争优势。当时许多高跟鞋品牌的卖点都只是“久站不累”，而 7or9 的高跟鞋却能让人穿着跑步，这无疑给同行造成了冲击。

因此，7or9 用“可奔跑”的表达方式直击高跟鞋的穿着痛点，赢得消费者的喜爱。具体来说，7or9 采用了运动鞋的材质来做高跟鞋，团队内部还采用一种特殊的方法来评估鞋子的舒适度：制鞋师能够穿着这双高跟鞋一整天。

图 1-11　7or9 的新卖点

总之，“可奔跑”体现了 7or9 对产品舒适度的严格要求，虽然本质上也是“卖舒适”，但表达的不同却带来了不一样的效果。7or9 通过表达刷新在市场上受到众多消费者的喜爱，作为一匹行业黑马“跑”出了自己的好成绩。

新卖点能够让品牌形成独特的竞争优势，获得消费者的关注和认同。因此商家想获得竞争力，就要不断地去创新卖点，创造差异性。

做营销的关键就在于做“不同”，差异化的卖点才有核心竞争力。

商家不妨思考自己的产品是否有新卖点，是否向消费者传播新思维、新观点、新概念，是否可以从新的角度定义产品的使用方法、使用效果和使用理念等方面。如果全行业都缺乏这样的卖点，那么这可能就是突围的好机会。

4. 独家卖点

独家卖点是产品在消费者心中形成的独家记忆。独家卖点是某个产品所独有的特点，而其他同类产品难以具备。

由于独家卖点有其独特性，难以被复制，有助于在消费者心中树立品牌的独特地位。因此，独家卖点是很多品牌策划人员非极力希望打造的一种卖点。

总之，独家卖点既能打动消费者，又难以被对手复制，具有难以比拟的优势，核心卖点常常会被打造成独家卖点。

因为独家卖点是商家独有的卖点，所以商家在策划独家卖点的时候，往往需要从自己独有的且别人不具备的核心竞争力上来进行思考和寻找。

哪些是别的企业难以与本企业相匹敌的呢?

第一个就是创新行业标准，例如金龙鱼曾推出的 1∶1∶1 比例的调和油，这标志着新的行业标准。

第二个就是企业的软实力。那么，什么是软实力呢?通常是品牌价值、品牌故事、某种独家工艺和独家配方。这些因素通常是难以被同行复制和模仿的。从这些软实力中提炼出的卖点，往往更可能成为独家卖点。

第三个就是注册专利，从法律上保护卖点，那么这个卖点就有了法律上的唯一性。

案例 12　飞鹤："更适合中国宝宝体质"的奶粉

近年来，飞鹤奶粉在竞争激烈的奶粉市场中崭露头角，其成功的关键在于精准地找到了独家卖点——"更适合中国宝宝体质"(图 1-12)。这一理念不仅为行业提供了新的竞争参考，更成为飞鹤奶粉的独特市场定位。

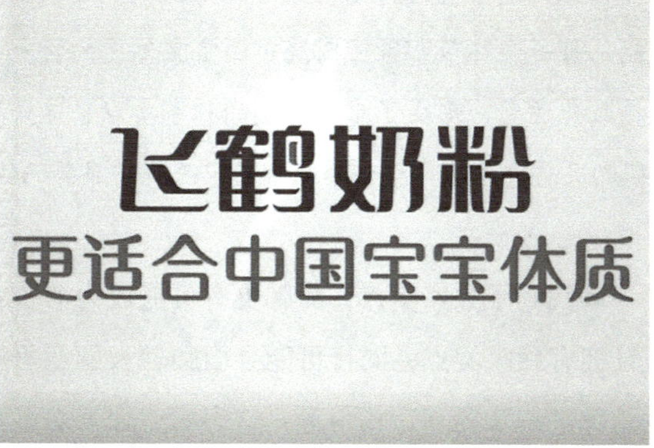

图 1-12　飞鹤奶粉的独家卖点

为何飞鹤奶粉强调"更适合中国宝宝体质"呢？飞鹤经过深入研究与大量调研发现，中国宝宝与国外宝宝在体质、饮食习惯以及成长环境等方面存在差异。飞鹤基于对中国宝宝的深入了解，从奶源选择到配方研发，努力打造更贴合中国宝宝需求的奶粉，确立了其独家卖点——“更适合中国宝宝体质”。

例如，飞鹤的明星产品“星飞帆系列”。在奶源方面，飞鹤奶粉的奶源基地位于北纬 47° 的黄金奶源带，那里的自然环境得天独厚，拥有肥沃的黑土地、适宜的气候以及纯净的水源，为奶牛提供了优质的生长环境，从而确保了奶源的高品质。从配方上看，“星飞帆系列”针对中国宝宝的体质特点进行了精心调配，形成了独特的配方，以满足中国宝宝的营养需求。这种独家配方进一步巩固了飞鹤的独家卖点。

飞鹤围绕“更适合中国宝宝体质”构建了较为完善的产业链体系，从源头的奶源把控，到中游的科研创新与配方优化，再到下游的生产工艺与质量检测，每一个环节都紧密围绕中国宝宝体质的特点与需求进行深度定制与精细化运营，形成了难以复制的独家卖点。这一独家卖点不仅提升了飞鹤的品牌竞争力，也为其在市场中赢得了显著的优势。

可见，一旦找到了独家卖点，品牌更有可能成为消费者的优先选择。品牌一旦拥有独家卖点，同行可能会面临较大的竞争压力，往往只能目睹该品牌进一步提高市场份额。这表明，独家卖点具有其他卖点难以匹敌的核心竞争力。

案例 13　一个枕头的独家卖点

菠萝斑马是近年来异军突起的新品牌，它推出的“分区软管枕”，代表了一种典型的独家卖点。枕头行业中的卖点非常多样化，但菠萝斑马做了一款分区设计的软管枕，并注册专利，在行业中异军突起。

所谓分区设计，就是对枕头进行分区，包括侧睡区、脑窝区、承托区等五大区域。不同区域独立设计，里面填充有弹性的中空软管。通过分区设计，消费者可以根据自己的需要增减各区的软管数量，调节不同区域的高度，最终实现定制相应区域的高度，以满足自身的颈椎承托需求。市面上许多枕头采用全枕一体成型的，内里填充的材质是乳胶、荞麦、羽绒等，菠萝斑马的分区软管枕与这些枕头形成了鲜明对比（见图 1-13）。

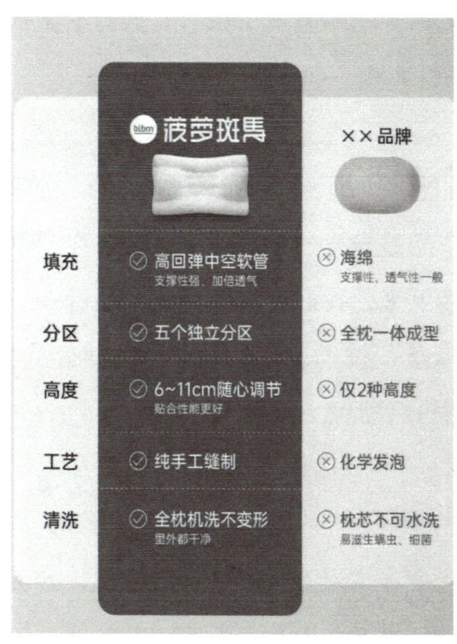

图 1-13　菠萝斑马与 ×× 品牌对比

为什么要选择分区设计的软管枕？菠萝斑马解释道：不同人的头颈曲线形状不同，通过这样的分区调整，能更好地保持颈椎自然生理曲度。这有助于人们在睡眠时预防颈椎僵硬、疼痛等，从而带来更舒适的睡眠体验。同时软管枕具有透气排热的特点，能够有效排出枕头内的热量，保持枕头内部温度，提高睡眠质量。

这种分区设计的软管枕一上市就受到了市场的热捧。而菠萝斑马作为该卖点的创造者，成功让它成为自己的独家卖点。

此外，菠萝斑马还拥有外观专利，让竞争对手难以复制这个卖点。

独家卖点让对手难以模仿和复制，这使得菠萝斑马这个品牌为大众所熟知。这个案例清晰地展示了独家卖点的重要性，它有助于引爆一个产品，成就一个品牌。

独家卖点往往能够快速塑造品牌、成就品牌。独家卖点的力量不容小觑，它不仅是产品差异化的关键，更是品牌在竞争激烈的市场中脱颖而出的法宝。接下来，我们将看到另一个品牌——苏泊尔，其如何凭借电饭煲的“球釜”技术，在家电市场中创造了自己的独家卖点，引领了新一轮的销售热潮。

案例 14　电饭煲的独家卖点

电饭煲市场竞争非常激烈，知名品牌众多，如美的、九阳、奥克斯、松下、飞利浦、东芝、小米、志高、小熊等。苏泊尔是如何在这样的市场里异军突起的？它其实也是靠一个独家卖点，并且苏泊尔把这个独家卖点注册成了商标。

苏泊尔设计了一款电饭煲，它还给这款电饭煲起了一个独特的名字——球釜（见图 1-14）。

图 1-14 苏泊尔球釜的宣传广告

一方面，这个卖点是一个新卖点，很少有人了解球釜的含义。另一方面，这个卖点也是独家卖点，苏泊尔能解释这种电饭煲为何被称为球釜，以及其背后的独家技术。

球釜的策划源自对小时候米饭味道的怀念，因为小时候的米饭有柴火烧出来的独特味道，这种味道在很多人记忆中留存着。球釜就是能够做出柴火饭的电饭煲。苏泊尔专门针对球釜提供了以下详细解释。

“球釜与其他电饭煲相比的一大亮点是打破了传统直臂内胆造型，采用球形设计。球形内胆独有的 62° 黄金双对流角，能够形成超强热对流，实现环流沸腾，让每一粒米都喝饱水，达到 1.62 倍的黄金膨胀率。球釜内胆采用厚釜技术，其整体构造由荷叶不粘层、耐磨加固层、合金导热层、聚能精钢层、硅晶固化层、螺纹聚能环等 6 层组成，能高效吸收内部的大火力，犹如柴灶中的大火包裹铁锅底部，激发大米原有香味。同时，精铁良好的导热性能，能让电饭锅更加节省电力。

“与普通不锈钢内胆相比，同等厚度的球釜重量增加 28%，这就意味着球釜可以更好地实现材质厚度、重量与均匀热传导之间的平衡，让每一粒米均匀受热，充分糊化，使米饭上中下都一样好吃。”

球釜设计成了当时市场上极具吸引力的卖点，且“球釜能做出柴火饭”这个卖点一经推出，苏泊尔的这款电饭煲的销量便实现了显著增长。

独家卖点是品牌的撒手锏，它往往能显著推动产品销量的增长，并对同行造成重大影响。为了能找到产品的独家卖点，商家需要不断努力思考和探索。

5. 卖点进化

卖点是需要不断进化的。

当一个产品推出新卖点后，往往很快会有同类产品模仿，导致市场出现同质化现象。

同质化是一个不可避免的现象，产品往往会经历从差异化到同质化，然后再从同质化到差异化的过程。而在这个过程中卖点需要不断进化。

借鉴是文案创作的一项基本技能。好的文案和卖点常常是在借鉴的基础上实现超越的。

许多品牌往往是从另外一个品类或竞争对手那里得到灵感，然后通过不断地借鉴与创新，进而实现超越的。

很多卖点给人似曾相识的感觉。这是因为一些品牌策划人员从其他行业或者竞争对手那里获得启发，并将其应用到自己的品牌中。

案例 15　成功的卖点大多是相似的

金龙鱼告诉消费者，它的食用调和油中饱和脂肪酸、单不饱和脂肪酸和多不饱和脂肪酸三者的比例是 1∶1∶1。

某婴幼儿奶粉品牌说自己的奶粉是采用 1∶1∶1 的均衡科学配方制成的。

某宠物粮品牌也提出狗粮要采用 1∶1∶1 的配方配制。

这些都告诉我们成功的卖点大多是相似的。除了 1∶1∶1 的卖点，“小罐”的卖点，也是如此。

小罐茶主打小罐装的茶，一罐一泡，饮用卫生。

而到了护肤界，有一个品牌叫作 C 咖，它有一款护肤产品叫作小罐膜，同样主打小罐装。

此外，宠物粮行业中出现了小罐粮，奶粉行业中出现了小罐奶粉……

“小罐”的概念再一次验证了成功卖点的相似性。

成功卖点大多是相似的，但是企业不应惧怕对手借鉴，如果自身有对手愿意借鉴的地方，说明企业有值得学习的优势。企业也应该接受卖点的同质化，作为商业发展的自然现象，卖点同质化难以避免。

既然企业难以摆脱和逃离卖点同质化的命运，那么企业如何应对卖点同质化呢？答案就是不断进化卖点，直到把这个卖点进化成核心卖点。

什么是卖点进化呢？卖点进化其实就是对卖点进行升级，让卖点比同行的核心卖点更有吸引力，从而实现卖点差异化。

卖点进化可以分为纵向进化和横向进化。纵向进化是在现有卖点基础上进行深化和完善；横向进化则是在现有卖点基础上增加新属性或特征。

卖点文案有哪些级别呢？

卖点文案一般包括以下几个级别：

初级卖点文案——描述类文案；

中级卖点文案——有卖点的文案；

高级卖点文案——有核心卖点的文案；

“撒手锏级”卖点文案——有独特核心卖点的文案。

让我们来看看护眼灯行业的卖点文案进化。

案例 16　纵向进化：护眼灯卖点文案的进化

（1）初级卖点文案——描述类文案

例如：这是一款好用的护眼灯，具有循环充电、触摸开关和LED

光源等特点。

点评：这段文案仅描述了产品的基本特性，尚未深入挖掘或传达其独特卖点。

（2）中级卖点文案——有卖点的文案

例如：这是一款专门针对高频用眼的学生群体研发的护眼灯，具有不闪屏、不刺眼，能够抗蓝光等特点，使用效果好。

点评：这个文案突出了产品的卖点“护眼”，这个卖点有具体的针对群体——学生，尤其是高频用眼的学生群体。同时文案还表明该灯不仅适用于特殊群体，还具备“不闪屏、不刺眼，能够抗蓝光”的特点。产品之所以拥有这样的卖点，是因为生产厂商对产品进行了升级，使产品拥有了更强的竞争力。这就是有卖点的文案。

（3）高级卖点文案——有核心卖点的文案

例如：这是一款具有每隔 45 分钟自动关闭的功能，以促进眼睛休息的护眼灯。人体视觉的疲劳期表明，每隔 45 分钟，眼睛就容易感到疲劳。因此，每隔 45 分钟使眼睛休息一次的护眼灯更有助于护眼。

点评：该文案中的卖点属于核心卖点，明确提出每 45 分钟休息一次的护眼标准，会使消费者印象深刻。

（4）“撒手锏级”卖点文案——有独特核心卖点的文案

例如：这是一款由医学专家和光学专家联合研发的润眼灯。爱德华医生和其他光学专家根据有关眼球对光线感知的研究，率先提出了推荐使用润光板护眼，这样能减少错误使用灯光而造成的弱视、近视等问题。这款由医生和光学专家研发的护眼灯不叫护眼灯，而是被命名为润眼灯。

点评：这个文案展现了独特核心卖点——医生和光学专家研发的润眼灯。

由此可见，卖点是可以进化的，卖点的每一次进化，都可能促进行业标准的更新，从而帮助企业赢得更多市场份额。在具体思路上，上文展示的护眼灯案例中，从初级卖点文案逐步过渡到“撒手锏级”卖点文案是纵向进化。

让我们来看看插板和奶瓶卖点的横向进化。

案例 17　横向进化：卖点的描述修饰

（1）产品：插板

进化：彩色插板

彩色安全插板

彩色无线安全插板

彩色原创设计无线安全插板

彩色原创设计无线智能安全插板

（2）产品：奶瓶

进化：防呛奶奶瓶

防呛奶硅胶奶瓶

防呛奶全路径硅胶奶瓶

防呛奶偏头全路径硅胶奶瓶

育婴师推荐的防呛奶偏头全路径硅胶奶瓶

横向进化的案例通过卖点的描述和修饰，为产品增加了新的维度和吸引力。这种进化超越了产品功能的基本描述，通过添加新属性或特征，有效提升了产品的市场竞争力。同样，纵向进化深化了卖点，深入挖掘了产品的核心价值和消费者需求。这两种进化策略都有助于提升产品的市场地位。接下来，我们将通过婴儿床的卖点进化案例，具体分析如何通过纵向和横向进化实现卖点的全面升级。

案例 18　婴儿床的两种卖点进化形态

针对婴儿床的卖点，我们可以采取以下两种进化策略。

（1）纵向进化：按卖点文案的层级进化。

初级卖点文案——这是一款好用的婴儿床；

中级卖点文案——这是一款“有升降功能”的婴儿床；

高级卖点文案——这是一款“会变化”的婴儿床，使用时可切换 6 种模式，多功能不闲置，陪伴宝宝成长；

“撒手锏级”卖点文案——这是一款由育婴研究所研发的科学婴儿床，每一处设计都有科学依据，科学设计更符合宝宝成长所需。

（2）横向进化：在现有卖点的基础上增加新属性。

助眠婴儿床；

有时间概念的助眠婴儿床；

有时间概念的潜意识助眠婴儿床；

自带哄睡系统兼有时间概念的潜意识助眠婴儿床。

总之，卖点进化遵循特定的思维公式：一种是纵向的，另一种则是横向的。

与其认为卖点本身容易同质化，不如认识到真正的问题在于缺乏创新的表达方式和思维模式。

6. 实卖点与虚卖点

卖点分为实卖点和虚卖点。

每一个产品通常都具备实卖点和虚卖点。

实卖点指的是消费者接触商品后可以直接感知、验证的卖点，实卖点是可以被测量和衡量的。

虚卖点指的是消费者接触商品后不能直接感知、验证的卖点，虚卖点是需要领悟的。

例如一件衣服，它的卖点是保持抗皱效果的次数达到200次，这就是能够被验证的卖点，是一个实卖点。如果你向别人介绍："这件衣服非常高端。"那么"高端"就是一个虚卖点，因为所谓的"高端"难以被直接感受到，它缺乏统一的标准且没有具体定性。什么是高端？

跟谁比显得高端？这个卖点是消费者间接感知到的，且每个人的感知程度不一样，这就是虚卖点。

理解实卖点和虚卖点的区别，对企业有什么意义呢？

我们之所以对实卖点和虚卖点进行区分，是因为实卖点更容易同质化，而虚卖点则提供了更多差异化的空间。分清虚、实卖点主要是为了解决同质化竞争的问题。

由于实卖点能被测量、衡量，容易被同行复制，因此难以给企业带来持久、差异化的竞争力，所以企业需要把实卖点转化为虚卖点。而虚卖点也要适时转化为实卖点，因为虚卖点容易给人一种虚无缥缈、不接地气的感觉。下面以空气净化器为例来讲解卖点的虚实之变。

案例 19　卖点的虚实之变

空气净化器市场中，有众多品牌，如美的、飞利浦、夏普、松下、海尔等，其中不乏实力雄厚的品牌。假如你要为一个空气净化器品牌起名字，你会怎么起？你又会怎样设置卖点？

有个品牌是这么做的。它取名为“三个爸爸”。顾名思义，它是由三个爸爸创立的，而儿童专用净化器就是三个爸爸的卖点（见图 1-15）。爸爸为孩子做的净化器，这是一个虚卖点，因为它表达的是一种情感，它传达的是爸爸的爱。

为什么它要提出虚卖点？空气净化器市场中，已经存在许多趋于同质化的实卖点，如果只是强调硬件和技术指标，例如宣传最大适用面积为50平方米，这一类卖点往往已被同行使用，那作为一个新品牌，它可能很难在市场上突围。

图1-15　三个爸爸的宣传海报

因此，三个爸爸选择将传统的实卖点转化为更具情感价值的虚卖点。“爸爸为孩子做的净化器”，将父爱融入产品，其竞争力就凸显出来了。

对此，三个爸爸是这样解释的：不是所有的净化器都针对儿童群体，我们专做儿童用的净化器。这个故事源自2014年2月的一天，三位创始人在一家餐厅聚餐聊天，当时空气污染严重，他们在聊天中聊到了自己的孩子，孩子们出生后竟反复得了几次呼吸道疾病，令人十分心痛。望着窗外久久不散的雾霾，三位爸爸在饭桌上开始研究怎么选购优质的空气净化器。他们发现，市面上净化器价格普遍偏高，通常一台在一万元左右，而且还有改进空间。于是他们决定给自己孩子做一台空气净化器。

经过一番市场研究，他们发现传统空气净化器对成年人来说隐患重重，对儿童而言更是如此，传统净化器不太适合儿童使用。那么他们要做儿童净化器，就要想办法把这些潜在危害发生的可能性降低，并且各方面指标表现要尽可能超过现有的净化器。三个爸爸品牌成立的初衷是，为孩子制作产品，一定要特别讲究，始终追求卓越。

看完以上内容，你或许会感觉这种净化器和以前的净化器十分不同。

为什么卖净化器要设置虚卖点——爸爸的爱？首先，这区别于传统厂商常设置的实卖点，给消费者很不一样的感觉，能有效吸引消费者的注意力。其次，它能在情感上打动消费者，让消费者对品牌的感情进一步加深，引导其做出购买决策。

当同行都在强调实卖点时，强调虚卖点更容易脱颖而出，帮助企业吸引消费者的注意力。而对于虚卖点，企业要适时转化为实卖点，并将其描述清晰。只有将卖点表达得让消费者感觉仿佛亲眼所见、亲手可摸，才能更好地获得消费者的信任。下面再从一个案例看卖点虚实之变。

案例 20　从儿童积木看卖点虚实之变

从积木市场中快速突围，它凭什么？一款积木玩具，其颗粒要够大，才不容易被婴童误吞，这是6岁以下儿童的家长们通常会关心的问题。于是，中国品牌布鲁可把积木颗粒基础单位（长/宽/高）设定为不小于1厘米，因此提出“大颗粒积木”的卖点。

基础单位（长/宽/高）不小于1厘米的大颗粒积木，这就是一个实卖点，它使布鲁可在积木市场中快速突围。然而，由于实卖点易于被测量，也就意味着同行易于复制，这样品牌很容易失去竞争力。因此，企业需要将实卖点转化为虚卖点，以构建自身的竞争壁垒。

于是，布鲁可进一步提出了这样的虚卖点——科技陪伴成长。这个虚卖点的策划很成功，因为它洞察到很多家长的一个痛点——他们很忙碌，缺少陪伴孩子的时间，他们希望有玩具能陪伴孩子玩耍，而且这款玩具又能助力孩子能力发展。当时市面上少有能解决这个痛点的儿童玩具，因此，布鲁可提出“科技陪伴成长”，它致力于用科学的方法做积木玩具，让玩具能寓教于乐，既有娱乐功能又有教育功能。

“科技陪伴成长”的卖点很好地解决了家长的痛点，于是布鲁可凭借这样的虚卖点获得了许多消费者的喜爱。如果要进一步加强竞争力，虚卖点需要被优化为实卖点，从而更好地被消费者感知。随着品牌的发展，布鲁可再次更新了它的卖点文案，将虚卖点描述为实卖点。请看下面这段卖点文案。

“布鲁可联合哈佛大学教授研发并推出‘成长关键力’模型（见图1-16），即根据孩子不同成长阶段的特点，量身打造不同系列产品，激发孩子想象力和创造力，把握孩子智力发展的每一段黄金期。”

图 1-16　布鲁可的宣传广告

看完这段文案后，我们能够理解虚、实卖点结合的吸引力。它让消费者能够具体感受到“科技陪伴成长”的虚卖点，进一步增强了消费者的信任感。

设置虚卖点是为了解决情感体验的问题，设置实卖点是为了解决实际体验的问题。因此一个好的品牌，既要有实卖点，又要有虚卖点，卖点虚实结合有助于成就一个品牌。

那么什么时候用虚卖点，什么时候用实卖点呢？

在行业发展初期，如果没有明显的同行竞争，就可以强调实卖点，让消费者迅速感知到产品的利益点，如基础单位（长 / 宽 / 高）不小于

1厘米的大颗粒积木。

到了行业发展中后期，当卖点高度同质化时，企业就要想办法提炼出虚卖点，如“科技陪伴成长”。

总之，实卖点是虚卖点的基础，如果企业过分依赖虚卖点而忽略实卖点，可能会给消费者留下夸大其词的印象，影响产品的长期竞争力。

而虚卖点是实卖点的升级表达，它能为实卖点增加差异化优势，更能够走进消费者心里，与消费者建立更紧密的情感联系。虚卖点是能够变成品牌软实力的卖点。

一个优秀的企业应有一套综合的卖点策略，能做到卖点的虚实结合，以实卖点作为基础支撑，并以虚卖点作为升级表达，从而实现更强大的竞争力。因此，卖点不是指一个卖点而是指一套卖点，一个卖点只能成就一款产品，而一套卖点才更可能成就一个品牌。

7. 卖点与“炸点”

一个好产品需要一个好卖点，而好卖点应当具有“爆炸性”。优秀的卖点一旦出现，就能够抓住消费者的心，让消费者对这个卖点产生惊喜感，这就是所谓的“炸点”。

好卖点本身就已经非常难得，因此，我们找到好卖点之后，应当重新表达，形成“炸点”，让卖点产生“爆炸”效应。

如果卖点不“爆炸”，就意味着它缺乏爆发力，难以引起消费者的强烈反响，缺乏足够的吸引力和传播力，也就难以带来业绩的爆发式增长。

如何让卖点“爆炸”？

第一，易懂。将卖点提炼为精简的一句话，让人迅速理解产品的优势。

第二，出奇。让卖点和对手相比明显不同，从而引发关注。

第三，好传播。卖点文案朗朗上口且方便传播，有助于品牌迅速提升影响力。

许多爆品都有自己的核心卖点，而每一个核心卖点都应该有“炸点”，以此实现品牌宣传的快速扩散，达到一传十、十传百、百传千的效果。

下面通过案例来解释一下什么是“炸点”。

案例 21　奶酪品牌的卖点“爆炸”

奶酪不是什么新产品，但由于饮食习惯的差异，奶酪在国内仍多被视为汉堡、比萨里的配料，市场规模有限。长期以来，国内的奶酪市场主要由百吉福、安佳等品牌主导。但近年来，一个国货品牌的出现改变了整个市场的竞争格局。

这个品牌就是妙可蓝多。它的成功源自发现传统奶酪产品未能充分地满足消费者需求，虽然传统奶酪产品很有营养，许多家长也想用奶酪给孩子补充营养，但传统奶酪产品无论是外形还是口感都对孩子缺乏吸引力。所以，妙可蓝多率先做了一款奶酪棒产品，通过将奶酪设计成类似冰淇淋的造型，并给产品取名为“奶酪棒”，让孩子们能像享受冰淇淋一样享用奶酪，增添了趣味性；其口感弹爽顺滑，奶香浓郁，孩子们十分喜欢吃。妙可蓝多的新产品很好地满足了消费者的需求——有营养且好吃。同时，它策划了一句广为人知的广告语“妙可蓝多，奶酪棒”，这就是妙可蓝多精心打造的一句话的“炸点”。

“奶酪棒”这个词一语双关，既推广了“奶酪棒”这个新产品，又传达了产品的优良品质。2018年，妙可蓝多用“妙可蓝多，奶酪棒”在各大渠道进行了密集宣传，这句话易懂、新奇，是朗朗上口，传播效果显著。因此，妙可蓝多仅用了四年时间，就成功使“奶酪棒”这个新产品成为国内广受欢迎的儿童零食，并在激烈的市场竞争中取得了显著的销量成绩。

卖点——有营养且好吃。

“炸点”——妙可蓝多，奶酪棒。

易懂——这是奶酪棒，吃起来也很棒。

出奇——这不同于其他奶酪产品，妙可蓝多在奶酪行业中率先推出“奶酪棒”这样的产品。

好传播——“××棒”，是顾客经常用到的口语，朗朗上口，易于传播。

妙可蓝多的例子说明，其实“炸点”不需要多么复杂，写作者也不需要多么高深的写作技巧，关键在于易懂、出奇和好传播。满足这三个要求的卖点，往往就能成为“炸点”。

在编者看来，每一个卖点在传播之前都应努力优化成“炸点”。因为如果只是简单表达卖点，可能缺乏竞争力，通过对卖点进行优化，让它变为“炸点”，它才能变得有趣、独特、鲜活，容易被传播。

再给大家介绍一下其他品牌是如何把卖点变成“炸点”的。

案例 22　服务不是巴奴的特色

现在，很多人都知道巴奴这个品牌。但其实在巴奴出名之前，海底捞一直主导着火锅市场，它以极具特色的服务受到顾客喜爱，营收遥遥领先，让许多同行都望尘莫及。

面对如此强大的对手，巴奴作为一个后来者，如果它再以服务为卖点，可能难以吸引消费者。因此，巴奴采取了不同的策略它通过市场调研，发现消费者吃火锅的时候其实很关注菜品和汤底的味道，尤其是对毛肚和菌汤有极高的需求。于是瞄准消费者的需求，巴奴另辟蹊径，提出服务不是巴奴的特色，毛肚和菌汤才是（见图 1-17）。

图 1-17　巴奴毛肚火锅的广告

这一句话成为"炸点"，直接引爆了巴奴这个品牌。当同行都在强调服务的时候，巴奴引导消费者按照"非服务"的标准来理解产品，从而让消费者对其产生深刻的印象。从此，人们记住了火锅品牌中有一个叫巴奴的，巴奴的毛肚、菌汤很有特色。

值得一提的是，“……不是……，……才是”的句式表达，既让消费者迅速理解差异所在，又易于传播。它让巴奴毛肚火锅变得极具话题性和传播性，在竞争激烈的火锅市场中脱颖而出。

卖点——毛肚和菌汤好。

“炸点”——服务不是巴奴的特色，毛肚和菌汤才是。

易懂——一句话让消费者了解巴奴的特色是毛肚和菌汤。

出奇——巴奴不卖服务，巴奴卖的是特色产品毛肚和菌汤。

好传播——文案口语化，朗朗上口，易于传播。

凭借这一“炸点”，巴奴在市场上迅速确立了自己的地位。尽管在门店数量和营收规模方面，巴奴与海底捞尚有较大差距，但巴奴在网络上的话题热度极高，其发展势头不可小觑。在 2022 年度“中国餐饮金饕奖”的十大最受欢迎火锅品牌榜单中，巴奴以黑马之势冲进榜单前三。

产品的卖点很容易被找到，因为这个世界不缺乏发现卖点的眼睛，但往往缺乏把卖点变成“炸点”的意识。只有把卖点变成“炸点”，品牌才能更好地被传播，实现业绩显著增长。

化腐朽为神奇，就是对“炸点”最好的解释。撰写“炸点”就是对再普通不过的卖点进行优化，让这个卖点更有趣、更有个性，更具传播力。

因此，如果卖点的表达非常平淡，我们就要想办法让这个卖点与其他的卖点有所区别，令人感到有所不同。

某口香糖品牌就是一个典型案例。该口香糖品牌想突出自己的口香糖口感非常好，但这样的表达非常普通，于是它想到一种更吸引人的表达“根本停不下来”。这个广告语成了一个“炸点”，人们在日常生活中常会主动提及它，它得到了很好地传播。例如：好吃，根本停不下来；好爽，根本停不下来；好玩，根本停不下来；好逗，根本停不下来……

这个卖点虽然简洁，但它的传播性很强，许多人模仿其广告语格式，证明了其“炸点”特性。正如“不是所有牛奶都叫特仑苏”这个广告语格式被广泛模仿一样，“根本停不下来”也被广泛模仿，充分传达了难以言喻的愉悦体验。

提起广为流传的广告语，大家都知道有一个品牌叫脑白金，脑白金主打的卖点是送礼。送礼这个卖点本身可能缺乏突出之处，于是脑白金就将卖点升级为“炸点”——今年过节不收礼，收礼只收脑白金。这是一句看似矛盾的话，让人感到好奇，也正因此，这个卖点变得具有传播力，成了“炸点”。

总之，一个产品若缺乏卖点，则难以成为优秀产品；一个产品若有了卖点，甚至有了核心卖点，但如果这个卖点不能“爆炸”，也难以畅销，因此卖点应当升级为“炸点”。

与其说凉席凉爽，不如说“可以裸睡的凉席”；与其说高跟鞋舒服，不如说“可以奔跑的高跟鞋”；与其说内衣高弹力，不如说“懂瑜伽的内衣”；与其说花茶新鲜，不如说“会生长的花茶”……卖点升级为“炸点”，更有吸引力。

第二篇 破解卖点密码

1. 卖点密码

上一篇讲了卖点的重要性、卖点的分类以及卖点的进化等。令很多人苦恼的是，如何才能找到卖点。如果连卖点都找不到，那么卖点进化就无从谈起。很多人都想找到一个卖点，那卖点的“密码”到底是什么？这一篇就来破解卖点密码。

其实找卖点不是玩文字游戏，而是找到某种被消费者需要的产品属性，卖点密码是被需要的产品属性。产品被消费者需要的属性越多，通常意味着卖点越多。企业深入理解并细致拆解产品属性，有助于找到独特卖点并有效地利用这些卖点进行销售。

具体来讲，产品属性有以下分类：外观、材质、工艺、功能、时间、数字、地域、人群、专家、理念、情怀、科技等（见表 2-1）。

表 2-1　产品属性分类

产品属性	具体的卖点角度
外观	包装、形状、颜色……
材质	原材料、材质结构、材质来源、材质特点……
工艺	工艺原理、工艺过程……
功能	作用、效能……
时间	特定时刻、特定季节、特殊时期……
数字	工艺数字化、功能数字化、时间数字化……
地域	特定地形、特定气候、特定地区……
人群	人群性别、特殊年龄、特殊身材、特殊体质……
专家	专家研发、专家推荐、专家要求……
理念	创新理念、定制理念……
情怀	为拒绝什么而做的、为热爱什么而做的……
科技	专利技术、高科技、先进技术……

由于一个产品具有多种属性，而每一种属性所表达的卖点又可以不断地进化，所以对专业的品牌策划人员来说，卖点是难以被完全同质化的，他们经常能够创造差异化的产品卖点，以下用案例来说明。

案例 1　从家具行业看卖点密码

家具行业是一个大型行业，一种家具产品具有多种属性，每种属性都能进一步细分为多种类型。

（1）家具的外观属性可细分为以下类型。

无漆家具、有漆家具，美式风格家具、中式风格家具、北欧风格家具、意大利风格家具，现代风格家具、后现代风格家具……

（2）家具的材质属性可细分为以下类型。

板式家具、实木家具、合成木家具，红木家具、橡木家具、松木家具、香樟木家具、水曲柳家具、胡桃木家具、榆木家具、樱桃木家具、桐木家具……

（3）家具的工艺属性可细分为以下类型。

纯手工制作家具、半手工制作家具，金箔工艺家具、做旧工艺家具、整木工艺家具、拼花工艺家具、古典漆工艺家具……

（4）家具的功能属性可细分为以下类型。

耐用家具、无甲醛家具、多功能家具、隐藏式家具……

（5）家具的人群属性可细分为以下类型。

成人家具、儿童家具，别墅人群家具、小户型人群家具，办公人群家具、休闲娱乐人群家具……

（6）家具的地域属性可细分为以下类型。

进口家具、国产家具，山地木家具、热带林木家具、高原区林木家具，英国松木家具、西伯利亚林木家具……

（7）家具的时间属性可细分为以下类型。

百年树龄家具、拥有80年历史的品牌家具……

由上述案例可知，卖点源于消费者需求属性的细化与升级。越是被消费者关注和需求的属性，越能形成有竞争力的卖点。

下面以家纺行业为例来进一步解析卖点密码。

案例 2　从家纺行业看卖点密码

（1）家纺的外观属性卖点如下。

卖点——卡通家纺；

卖点——3D 家纺；

卖点——艺术家纺；

卖点——分区设计家纺；

卖点——非平面家纺；

…………

（2）家纺的材质属性卖点如下。

卖点——真丝家纺；

卖点——纯棉家纺；

卖点——针织家纺；

卖点——羽绒家纺；

卖点——驼绒家纺；

卖点——大豆家纺；

…………

（3）家纺的工艺属性卖点如下。

卖点——拼接工艺家纺；

卖点——一体成型工艺家纺；

卖点——纯手工家纺；

卖点——高温预洗工艺家纺；

卖点——轻印染工艺家纺；

…………

（4）家纺的功能属性卖点如下。

卖点——恒温家纺；

卖点——抗菌家纺；

卖点——吸湿排汗家纺；

卖点——免洗家纺；

卖点——亲肤家纺；

卖点——可机洗家纺；

…………

（5）家纺的人群属性卖点如下。

卖点——老人恒温家纺；

卖点——新婚夫妻家纺；

卖点——情侣家纺；

卖点——儿童家纺；

卖点——大学生家纺；

…………

（6）家纺的地域属性卖点如下。

卖点——进口家纺；

卖点——国产家纺；

卖点——五星级酒店家纺；

卖点——户外家纺；

…………

（7）家纺的时间属性卖点如下。

卖点——久睡家纺；

卖点——安睡一整晚的家纺；

卖点——冬季专用家纺；

卖点——100 天试睡不满意可退换的家纺；

卖点——百年历史家纺；

…………

根据产品属性来策划卖点的策略是普遍且多样的。以移动电源为例，产品自身拥有多种属性，每种属性都可能策划成一个核心卖点。如果它的外观特别好看，就叫它“美学移动电源”；如果它外形轻薄，满足便携的需求，就叫它“可装进口袋的移动电源”；如果它增加了充当手机壳的功能，就叫它“会充电的手机壳”……

由此可见，产品的属性可以被策划成独特的卖点。所以，企业应对产品的属性进行分解。那么，同一种属性还能否进一步拆分呢？实际上，这是完全可以的。

案例 3 净水机卖点的拆分

买净水机通常是为了净化水，消费者非常关注“净化”这一功能属性，净水机的生产商也在强调这个卖点。然而，许多净水机都在强调净化功能，导致卖点同质化严重。水的净化程度究竟如何？行业缺乏标准，因此针对净化这一功能属性，仍然需要再进行拆分。经过属性拆分而策划出来的卖点案例如下。

（1）卖点——六层净化。

这是在告诉消费者，这款净水机的净化程度高。消费者普遍偏好净化程度高的净水机，认为其净化效果更好。

（2）卖点——分离式净化。

这是指为了避免水的二次污染，此款净水机采用分离式净化，将杂质和水分离，为消费者提供更好的净化效果。

（3）卖点——矿物质保留式净化。

这是指这款净水机净化出来的水是可以保留矿物质的，有助于避免过度净化的现象。过度净化可能导致水中矿物质的流失，所以，消费者倾向于选择能保留矿物质的净水机，满足自身健康饮水的需求。

（4）卖点——母婴级净化。

这说明这款净水机的净化标准非常严格，确保净化后的水可达到适合母婴饮用的级别。

（5）卖点——弱碱性净化。

这说明这款净水机能够将水净化成弱碱性的水，饮用弱碱性的水被认为可能有助于抑制某些疾病，有利于人体健康。

通过上述案例，可以发现净水机仅净化水这一功能属性就可以多次分解，拆分成不同的卖点。因此，企业可以对每一种属性进行深入拆分，直至无法进一步细分，再考虑其他属性。

2. 外观即卖点

在所有卖点中，最直观的卖点就是产品的外观。因为消费者第一眼就会看到产品的外观，也常常会因为外观产生购买欲望，所以较为容易创造的卖点就是产品的外观卖点。

一些优秀的产品在上市之前就已经在外观设计方面占有优势了，这一优势可能转化为营销上的成功。如果一个产品在设计阶段就有独特的外观设计，那么它通常具有吸引消费者的卖点。很多产品往往凭借外观卖点实现销量增长的。

案例 4　参半：外观看似护肤品的牙膏

上市不到 2 个月，参半一款牙膏的销量就达到了 7 万支。彼时，牙膏市场不乏大品牌，例如高露洁、佳洁士、舒适达、舒客等，消费者的选择众多，而参半作为市场后来者，如何与这些大品牌争夺市场？

参半成功依靠的是其独特的外观卖点。多年来，牙膏的典型外观通常是塑料管装。而参半创新性地将牙膏外观设计得类似护肤品（见图 2-1）。

为什么把牙膏的外观设计得类似护肤品？这不仅是为了吸引注意力，也是基于参半独特的价值定位——能护理口腔的牙膏。参半旨在让消费者在刷牙的同时还能护理口腔，这款牙膏特别采用了护肤品常用的配方，旨在更好地滋养口腔，保护牙龈。这一定位获得了众多消费者的喜爱。

图 2-1　参半的护肤品外观

独特的护肤品式外观帮助参半迅速突围。首先，它和市面上的普通产品在外观上有显著差异，在一定程度上有更高的关注度。其次，它的外观让其独特的护理价值深入人心，增强了消费者的认同感。最后，它的外观具有美感，进一步增强了消费者的购买欲望。

因此，参半的牙膏产品充分展现了“外观即卖点”的理念。值得一提的是，参半牙膏的价格相对较高，但这并没有削弱人们的购买热情。该产品于 2018 年上市后，销量迅速攀升，并成功确立了参半在市场中的有利地位。这一策略使参半巧妙避开了与高露洁、云南白药等行业巨头的直接竞争，成功开辟了新的市场领域。

案例 5　pidan：一个“盆”售价 365 元还爆火

一款猫砂盆还能怎么卖？养猫的家庭都有猫砂盆，猫砂盆就是猫上厕所的地方。市面上的传统猫砂盆通常是由盆、盖子和翻转门组合而成的，设计简洁，价格也不高，普遍为 30 ～ 50 元。但 pidan 这个新品牌一经推出，便对整个猫砂盆行业产生了重大影响。pidan 的猫砂盆在上市时就定价为 365 元，虽然其价格是行业平均水平的 10 倍，但它的市场表现很好。

为什么消费者愿意接受 pidan 的高价猫砂盆？这在很大程度上归功于其独特的外观卖点，pidan 产品外观与同行相比具有显著的区别。在此之前，消费者对猫砂盆的外观期望较低。而在猫砂盆卖点的打造上，商家普遍强调大空间和防臭味，此类同质化的卖点难以吸引消费者。

pidan 猫砂盆一上市便给市场带来了不小的影响。pidan 摒弃了传统简陋的设计，将猫砂盆设计成精致的白色小屋形状，为猫咪提供了一个类似“小别墅”的如厕环境。pidan 将其命名为“雪屋”，营造了一种浪漫唯美的氛围。雪屋的设计灵感来源于北极因纽特人居住的雪屋，pidan 将雪天静谧的意境巧妙地融入猫砂盆的设计之中（见图 2-2）。

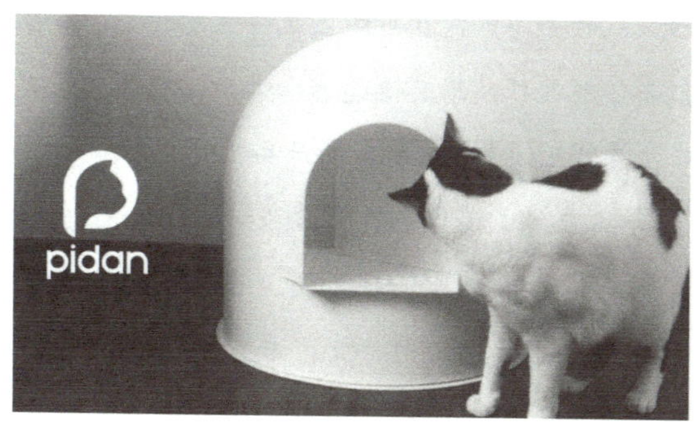

图 2-2　pidan 的雪屋外观

从外观上看，雪屋的设计不仅新颖独特，还极具美感。这满足了消费者的审美需求。许多消费者购买雪屋来作为家居装饰品，以提升家居美感，他们愿意为其外观支付较高的价格。

从 2016 年 pidan 的雪屋上市后，猫砂盆市场经历了显著的变化。以前，猫砂盆价格相对稳定，而现在 pidan 凭借其外观卖点，成功提高了猫砂盆品类的价格水平。

由此可见，从外观的角度打造卖点，效果显著。相比于文字卖点，消费者通常更容易识别外观卖点。如果企业能将外观做得既独特又美观，那产品就有潜力以更高的价格出售。

案例 6　三顿半：迷你彩色罐装速溶咖啡

作为后起之秀，三顿半在巨头林立的速溶咖啡赛道迅速崛起，成为一个值得关注的案例。当时，雀巢、麦斯威尔等品牌主导着整个速溶咖啡市场。那么，三顿半是如何在市场上赢得注意的呢？消费者起初接触三顿半，可能不了解其产品跟其他速溶咖啡产品有什么区别，然而消费者很可能首先注意到三顿半极具特色的产品外观。

三顿半的产品采用了迷你彩色罐装设计，这与当时市面上那些常见的条状袋装的速溶咖啡相比显得不同。它根据咖啡的烘焙程度，用从 1 到 6 的数字在小罐子上进行标记，并搭配亮黄、淡红、黑灰等多种颜色，这让产品外观更显独特（见图 2-3）。

图 2-3 三顿半的迷你彩色罐装速溶咖啡

此外，三顿半提出了“3 秒即溶精品咖啡”的概念，这一创新为速溶咖啡市场带来了变革，使得其他速溶咖啡产品相形见绌。三顿半的速溶咖啡采用低温慢速萃取技术，实现了咖啡粉在牛奶、茶等不同液体中，不用搅拌，3 秒内即可溶解，且口感优异。这与市场上现有的速溶咖啡形成了鲜明对比，消费者迅速接受了这种“3 秒即溶”的咖啡，同时产生了新认知——这种迷你彩色罐装的速溶咖啡能做到 3 秒即溶，这在其他同类产品中较为罕见。

从此，迷你彩色罐装的三顿半速溶咖啡成为消费者的一个新选择。许多消费者被它的特殊外观所吸引，有些人甚至将迷你彩色罐当作收藏品摆放。

三顿半的例子说明了差异化的外观是一个十分直接的卖点，它凭借独特外观迅速吸引了消费者的注意，并赢得了大量粉丝，在竞争激烈的速溶咖啡赛道中占据了一席之地。由此可见，外观卖点是一种很不错的速效卖点。

案例7　翼眠：深睡格子枕

翼眠是一个典型案例，它通过独特的外观卖点成功在市场中突围。

在竞争异常激烈的枕头市场，翼眠如何异军突起，成为高端枕的领先品牌？关键在于其产品拥有独特的外观设计。翼眠的格子枕（见图2-4）拥有1000多个三角形镂空网格。

图2-4　翼眠的格子枕

这样的外观设计让翼眠与同行形成鲜明差异，能快速吸引消费者的注意力。即便消费者一开始不认识翼眠这个品牌，这款产品外观的独特格子设计也会在他们心中留下深刻印象。

这个独特设计的背后也有一个有趣的故事。“格子枕”的诞生，源自一个“理工男”的技术理想与消费市场的结合。翼眠的创始人李明光曾经是一名材料化学工程师，由于长期遭受失眠的困扰，他决心自行开发一款更舒适的枕头。此后，他在研究中发现失眠问题普遍存在，便结合自己的产品研发经验，踏上了创业之路，研发了这款独特的格子枕。

对于这款产品的研发，李明光借鉴了工业品的制作思路，他对枕头的网格设计进行了精确到毫米的力学设计，在从外观到内部结构方面制定了30多项指标，包括枕头的回弹度、耐压性、抗老化性等。最终上市的产品介绍中表明，格子枕可随头部变化灵活弯曲，有效分散头颈压力，有助于促进睡眠。

通过这段介绍，人们可以感受到这款格子枕的设计确实匠心独具，而它也成功让翼眠自上市之初便与同行形成鲜明对比，在竞争激烈的枕头赛道中脱颖而出。

案例8　三精制药：蓝瓶的钙，好喝的钙

在竞争激烈的补钙产品市场中，卖点之间的较量已然呈现白热化态势。商家们纷纷施展浑身解数：有的商家不遗余力地强调自家产品补钙量充足；有的商家则着重强调钙质优质。各类广告宣传如潮水般涌现，向消费者涌来。这使得消费者在琳琅满目的补钙产品面前陷入了深深的迷茫，不知该如何抉择。

在众多竞争手段里，产品外观往往是最为直观、能够快速区分产品的方式，其重要性不言而喻。三精制药精准地捕捉到这一关键，巧妙地推出极具标志性的“蓝瓶钙”概念（见图2-5）。随后，那简洁明快且极具传播效力的广告语——“好喝的钙，蓝瓶的钙，三精制药出

品”，便大规模地在各类媒体平台上广泛传播，迅速映入大众眼帘。

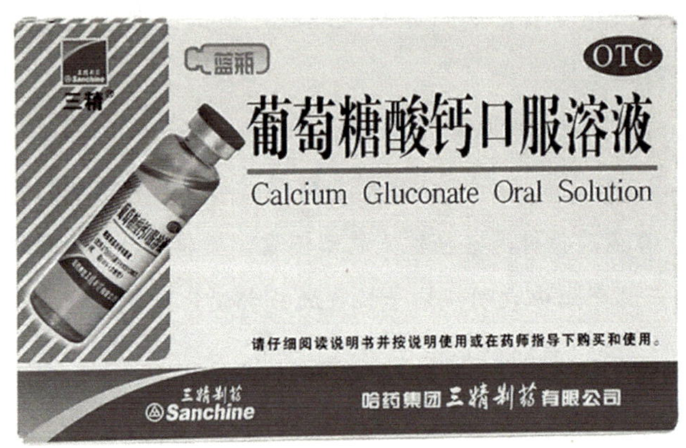

图2-5　三精制药的蓝瓶钙

在补钙市场的消费群体中，儿童是极为重要的组成部分。然而，诸多儿童因补钙产品口感欠佳而对服用补钙产品颇为抵触，这使得妈妈们在为孩子挑选补钙产品时常常感到困扰，每次追着孩子喂，实在是一件令人头疼不已的事情。故而，当妈妈们于众多产品间徘徊纠结，不知该为孩子选定何种补钙产品之际，“好喝的钙，蓝瓶的钙，三精制药出品”这一广告语，不但提供了清晰明确的选择导向，还深深烙印在妈妈们的脑海之中，成为印象深刻的记忆点。而“蓝瓶钙”那别具一格的蓝色外观，无疑成为其显著的差异化标识，在众多补钙产品中格外引人注目。

随着时间的推移，这一广告语所产生的影响力逐渐凸显，在消费者的认知里，“蓝瓶钙”逐渐成为口感良好的象征，其独特外观成功地在消费者心中树立起独特的品牌形象。相较而言，其他非蓝瓶包装的补钙产品，或许会被认为在口感方面稍逊一筹。

“蓝瓶钙”凭借其在外观上的独特优势，在补钙产品市场中大放异彩，收获众多消费者的喜爱与认可，成为行业内借助外观卖点打造品牌影响力的成功范例，也为后续产品的差异化竞争提供了宝贵的参考。

案例 9　一整根：含有“一整根人参”的瓶装饮料

瓶装饮料如何才能卖到近 20 元？一整根给出了答案。

它在透明瓶中展示了一整根人参，同时在瓶子包装上印有“一整根”三个大字，这种创新的外观（见图 2-6）和概念在瓶装饮料市场十分独特，在货架上属于能被一眼看见的产品，这使得一整根很快受到消费者的关注。

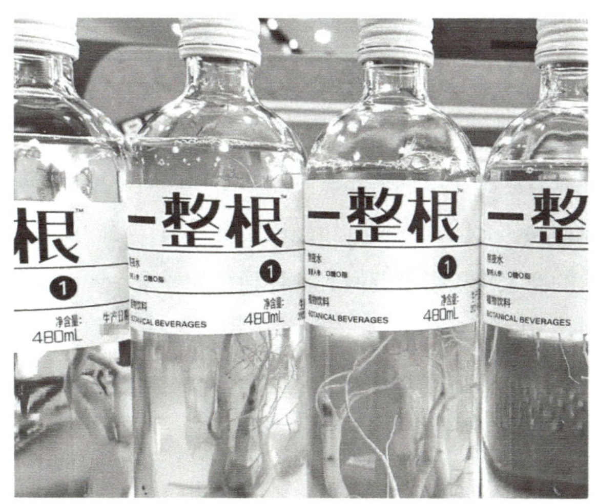

图 2-6　一整根的产品外观

那么，一整根的销售情况如何呢？这款产品在川渝地区的罗森便利店上市后不久，便达到了日销 1 万瓶的成绩，这家公司创始人透露其渠道投入成本低，但产出较为可观。因此，一整根成为许多品牌营销公司和饮品饮料公司研究的对象。

在编者看来，该品牌取得优异成绩的原因在于其外观卖点策略。

虽然一整根本质上是一种植物饮料，但其外观显著提升了产品的档次，而且它的外观容易让人联想到其潜在功效。因为瓶中装有一整根人参，人参作为一种传统的滋补品，可以吸引消费者的兴趣。因此，一整根凭借其外观赢得了消费者的喜爱。

因此，一整根通过在外观设计上的创新，成功地把价值呈现在消费者面前，它甚至不需要用文字宣传。这进一步证实了外观通常是产品最直接的广告形式，外观即卖点。

因为有些品牌通过在产品外观上塑造差异化，成功实现了快速突围，所以外观会被用作速效卖点。有的商家把面膜做成手机的样子，并命名为手机面膜；有的商家把日历做成主题日历；有的商家把白酒装在竹筒里；有的商家将矿泉水瓶做成各种独特的样子。皆因这些商家认识到“外观即卖点”。

3. 材质即卖点

消费者通常认为用优质的材质才能做出好的产品，因此材质本身也是一种独特的卖点。我们在某些饭店用餐的时候，会发现其菜单上会标明：我们只用特定品牌的山泉水炒菜，我们只使用特定品牌的花生油等等。这种强调材质的做法就是在打造差异化。虽然大家都是在吃火锅，然而当现场倒入火锅的水是特殊的山泉水时，消费者会感觉吃的是山泉水火锅，这个火锅与其他的火锅就有所不同。

案例 10　十八纸：纸质家具

在竞争激烈的家具市场中，十八纸以其独特的纸质家具脱颖而出，成为行业中引人瞩目的品牌。“十八纸”这一品牌名称，其创意灵感源自创始人妻子的姓氏“李”，将“李”字拆分为“十”“八”“子”，再与品牌核心的纸艺巧妙融合，从而赋予了品牌独特的标识性，让人印象深刻。

传统家具市场长期被木材、金属和塑料等材质主导，消费者对这些材料的家具已习以为常。十八纸却创新地选择纸作为主要材料（见图 2-7），吸引了消费者的注意，引领了家具材质的新趋势。

从美观性来看，十八纸的纸质家具展现了独特魅力。其纸艺设计巧妙结合了纸张的柔韧性和创意造型，让每件家具都颇具艺术感。无论是简约时尚的线条勾勒，还是富有层次感的结构搭建，都彰显出独特的美学韵味。这些设计能够轻松融入各种家居装饰风格，为家居环境增添一抹别样的温馨与雅致。

此外，十八纸在提升纸质家具的耐用性方面也提供了有效的解决方案。该品牌与优质造纸厂商携手合作，对纸张质量进行严格把控，所选用的纸材具备高强度与良好的韧性，家具能够承受日常使用中的各种压力与磨损，具有相当出色的耐用性。

图2-7　十八纸的“纸质”家具

同时，这种纸质家具还十分轻巧，便于移动与携带，能够满足不同场合的使用需求。

十八纸的纸质家具因其创新的材质应用在众多家具中显得突出，吸引了消费者的关注，同时满足了现代消费者对美观、耐用和多场景家具的需求，赢得了消费者的认可和信赖，促进了口碑的传播，让该品牌成为家具市场中一个具有知名度和美誉度的品牌。

案例 11　希望树：会变色的除甲醛果冻

对于新房和新家具，人们最担忧的问题之一就是甲醛污染。因此，在“除甲醛”这个市场有很多产品，如绿萝、活性炭、光触媒等，产品种类繁多，卖点更是异彩纷呈，消费者选择困难，商家同样难以突出重围。但是，一个名为“希望树”的品牌在短时间内迅速占领了除甲醛市场。

在淘宝上，它的平均订单价格达到 300 元，位居除甲醛类目和环境类目销量榜单的前列。能在短时间内取得如此优异的成绩，希望树因此受到了行业内众多人士的关注。

希望树的崛起归功于其与市面上传统除甲醛产品的材质不同，它推出了“除甲醛果冻”，其产品呈凝胶状，类似于果冻。而这种材质不仅带来了外观的创新，还带来了功效的创新。希望树的“果冻”通过释放除醛因子，与空气中的甲醛发生反应，能将其分解为水和二氧化碳，以期在一定程度上实现对甲醛的无害处理。此外，它还实现了整个除甲醛过程可视化，这意味着消费者能直观看到除甲醛的效果。除甲醛果冻在使用前是宝蓝色的，吸收甲醛后，逐渐变成乳白色，大约 90 天后，随着有效成分的挥发，盒中果冻逐渐干瘪，最后会变成透明状；并缩小到硬币大小（见图 2-8）。

通过果冻变色、体积变小这两个现象，除甲醛的过程变得清晰可见，消费者能直观地看到产品效果。由于除甲醛原本是一个需要建立信任的市场，消费者非常重视产品的效果，而市面上很多产品的除醛效果难以直观验证，所以希望树这种特殊的果冻材质将效果可视化，有效地解决了消费者的信任问题。

图 2-8　会变色的除甲醛果冻

许多消费者被希望树的产品吸引并成为忠实顾客，而凭借特殊的果冻材质，希望树的销售额迅速达到了亿元级别，在天猫旗舰店上线 6 个月后，希望树迅速占据了除甲醛品类销量的领先地位，并在市场中获得了一定的份额。

案例 12　INTO YOU：唇泥开创者

INTO YOU 作为唇泥产品的开创者，其发展在很大程度上归功于将独特材质作为核心卖点的策略。它所在的唇妆行业是一个竞争激烈的领域，大品牌众多，包括雅诗兰黛、兰蔻、迪奥、圣罗兰等，通常不知名的新品牌很难在这样的市场中立足。

INTO YOU 作为一个新品牌，起初并没有市场基础或知名度，品牌在没有获得初步收益之前，往往难以进行大规模推广，因此一个独特的新卖点变得至关重要。然而在唇妆市场，卖点同质化现象较为普遍，许多品牌都强调功效，产品品类以口红、唇膏和唇釉为主，而 INTO YOU 则采取了差异化的策略，从材质上创新，它推出了“唇泥”这一创新材质的产品品类。

所谓唇泥，指的是一种质地类似泥巴的唇妆产品（见图 2-9）。从触感而言，唇泥的质地独特，具有柔和性和可塑性，提供了独特的触感体验，这种创新的材质很快吸引了消费者的注意。在实际使用中，唇泥具有较强的持久性，不太容易掉色，这给消费者带来了全新的唇妆体验和上色效果。

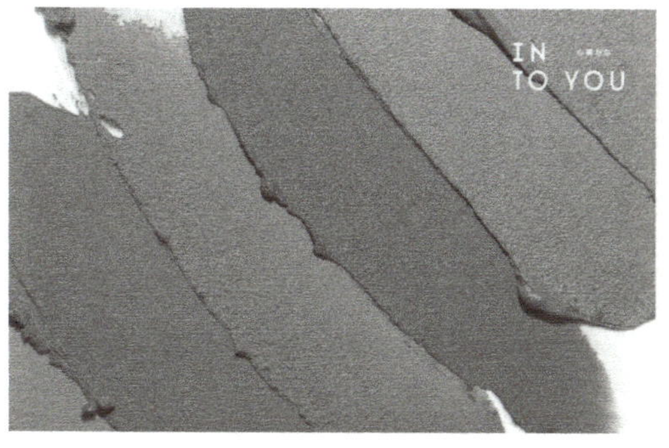

图 2-9　INTO YOU 的唇泥

最终，INTO YOU依靠材质卖点迅速实现业绩的增长。可见，在一个竞争激烈的市场，差异化的卖点可以帮助品牌突围，INTO YOU就是凭借独特的材质卖点在唇妆市场中占据了一席之地。

案例13　观夏：晶石香薰

多年以来，中国香薰市场规模相对有限，其中知名的本土品牌寥寥无几，这是一个几乎被国外大品牌所主导的市场。但近年来，国货香薰品牌观夏突出重围。许多品牌专注于传统的蜡烛香薰、藤条香薰类产品，观夏进入市场没有选择传统香薰产品，而是选择了"晶石香薰"。这种香薰的独特性就在于它的材质。

"晶石香薰"又称为扩香石，其原理是利用晶石表面的微小气孔吸收储存精油，再将香味慢慢释放出来。观夏率先在国内采用晶石这种特殊的扩香载体（见图2-10），将其打造成具有识别度的品牌记忆点，吸引了众多国内消费者。

图2-10　观夏的晶石香薰

观夏将新产品命名为“晶石情绪香薰”，意指这款晶石香薰不仅是普通香薰，是能给人全新情绪体验的产品。为什么晶石材质的香薰能给人不同的情绪体验呢？

首先，观夏使用的晶石来自世界各地，再经过手工制作而成，不是机器大规模生产的产品，每一块晶石都是独特的。

其次，观夏的晶石香薰产品以其独特的视觉效果，为家居装饰增添了美感。这些产品中，每一款晶石的形状与色泽都经过精心设计，搭配特制的香薰精油，进一步增强了其装饰效果。这样的设计不仅提升了居住空间的氛围，而且为消费者带来了新的审美体验。

最后，晶石还会带来不同以往的品香体验。它具有独特的视觉效果，能作为家居装饰，带来新的审美体验。而晶石香薰的独特扩香方式可以为消费者提供个性化的香氛体验。相较于传统香薰产品，消费者可以将观夏香薰植物精油滴于晶石上，香气的浓淡程度可根据个人喜好自行掌握，这也是完全不同的品香体验。

因此，以特殊的晶石材质为卖点，观夏的产品受到消费者的喜爱，这个品牌自 2018 年成立以来，在短短几年时间内，迅速获得资本市场的关注，并在上海、深圳、北京等一线城市开设线下门店，公众号订阅数达到了百万级。观夏已入驻了天猫、抖音等主要电商平台，在这些平台上取得了不错的成绩。

案例 14　三只小山羊：高品质小山羊绒

2022 年，在抖音“双十一”购物节期间，三只小山羊迎来了火爆的销售局面，仅三天就实现了 1500 万元的预售额，得到了市场的广泛关注。让人惊讶的是，三只小山羊的羊绒大衣，尽管价格近万元，依然销售火爆！

三只小山羊的成功，离不开其独特的材质卖点。三只小山羊的广告语强调了其产品使用了 12 个月以内小山羊羊绒（见图 2-11）。

图 2-11　三只小山羊的广告语

为什么选用 12 个月以内小山羊的羊绒？对此，三只小山羊解释道：山羊绒向来“以细为贵”，细度是山羊绒分级标准中的重要指标，越细代表羊绒纤维触感越好，品质也越高，价格通常也越贵。为了找到高品质的小山羊绒，三只小山羊团队走遍全国各大牧场，最后来到西藏阿里，选择这里出产的小山羊绒作为大衣原料。

三只小山羊在众多优质羊绒中精选，只选 12 个月以内的小山羊的羊绒，其羊绒细度可达 14.5 微米，在一定程度上实现裸穿不扎人的效果。值得注意的是，细度在 14.5 微米的山羊绒，基本属于羊绒界的高级原料。很多国际奢侈品品牌的羊绒大衣原料细度为 15.5 微米，其价格往往高达数万元，这反映出极细羊绒的珍贵。

事实上，每只小山羊通常只能产出少于 80 克的内层绒毛，去除较为粗糙的外层纤维之后，仅剩下 30 ～ 40 克的可用细绒。而三只小山羊的 14.5 微米的羊绒大衣，每件需要约 58 只 12 个月以内的小山羊的细绒才能做成。

最终，凭借着独特的材质卖点，三只小山羊迅速在羊绒大衣赛道中脱颖而出。于 2023 年，在由央视发起的“中国好羊绒”活动中，三只小山羊屡获表扬。

案例 15　躺岛：“猫肚皮”枕头

躺岛是一个成立于 2020 年的家纺品牌，它的第一款产品“猫肚皮”枕头，从名字上我们就能感受到它的与众不同。相比于通常的技术性材质描述，“猫肚皮”这一形象的命名让人迅速领会其卖点——枕头非常舒适，人仿佛睡在一只肥猫温暖的肚皮上（见图 2-12）。

“猫肚皮”枕头选用德国 Chillax™ 独家材质，这种材质能给人带来柔软性与支撑性兼具的独特回弹感受，让头、颈部拥有舒适的枕睡体验。“猫肚皮”枕头的材质卖点很快得到了市场响应，上市仅半年，躺岛的“猫肚皮”枕头便在淘宝“双十一”购物节中成为同品类销量领先产品。

图 2-12　躺岛的“猫肚皮”枕头

实际上，躺岛爆品频出。躺岛旗下多款爆品的成功也离不开它对材质卖点的挖掘与精心塑造。例如，“瓜瓜凉被”采用独家开发的chillcream™面料，给消费者带来了清爽、舒适的睡眠体验。新材质的优势需要精心设计的表达，于是躺岛给产品取名为“瓜瓜凉被”，让消费者直观感受到如同夏日品尝西瓜般的清凉，这款产品上线后就受到消费者的热捧。

再如，“熊抱被”则是采用品牌独家的hibersoft™材料，它具有保暖、舒适的特点。这一材料的特性在产品命名中得到了体现。“熊抱被”的命名让人感觉钻进了柔软、温暖的熊的怀抱，能够带来舒心的睡眠体验。总之，躺岛展现了其在创新材质卖点方面的专长。

有时候，并不是说材质本身就是一个很好的卖点，而是要对材质进行充分塑造和重新表达。而躺岛对材质卖点的挖掘与塑造，让产品释放出了强大的竞争力。以前，家纺行业对产品的表达通常是“五星级酒店面料”“A 级抗菌面料”“棉柔舒适”等，但躺岛改变了家纺行业传统老派的形象，赢得许多新一代年轻消费者的喜爱。

材质即卖点。企业不仅要有材质卖点，还要把它变成独家卖点，才能具有更强的竞争力。例如，躺岛的材质差异化明显，同时它将其塑造为自身的独家卖点，这让产品具备了更强大的竞争力。企业可以思考自身产品的材质是否与同行相比有所不同，以及该如何实现差异化。

4. 工艺即卖点

工艺本身就是一种卖点，它与外观和材质卖点有所不同，后者都是比较实在的、容易被感知的卖点，而工艺则不那么直观。

一个行业的某种工艺可能只有业内人士知道，而如果是独家的工艺，连同行都未必知道，消费者就更不了解产品的工艺是什么了，所以工艺的卖点往往不易被消费者感知。正因如此，工艺更容易成为独家卖点。这种卖点通常不为消费者和竞争对手所知，所以企业就更容易将其塑造成自己的独家卖点。

在大力弘扬工匠精神的今天，很多人强调要做精品，而打造精品必须要有好的工艺作为支撑，所以工艺可以成为一个重要的卖点。如果企业的工艺具备显著的差异化优势，或者企业拥有独家掌握的独特工艺，那么企业生产的产品往往具备显著的竞争优势。

案例 16　寿司之神：米粒误差不超过 4 粒

日本有一个寿司店闻名世界，它是由被誉为“寿司之神”的小野二郎所开设的。这个寿司店外观简朴，位于东京银座地铁站里的一个小角落，店内只有 10 个座位。然而就是这样一个小店，吸引了诸多名人光顾。小野二郎制作的寿司受到众多食客的喜爱，这源自他对寿司制作的严格工艺标准（见图 2-13），具体如下。

图 2-13　寿司

第一，纯手工标准。每次做寿司，小野二郎始终坚持纯手工工艺。因为他认为用手制作的寿司的温度更接近人的体温，能达到更佳的口感。

第二，对食材进行按摩处理。小野二郎认为寿司美味离不开新鲜的食材，所以他坚持优选食材，而且他要对食材进行按摩处理，比如他会给制作寿司时所用的章鱼按摩近三十分钟，以确保肉质细嫩鲜美，进一步提升口感。小野二郎就是用精益求精的手工艺让每个吃寿司的人都能感觉到他的专注和追求。

第三，米粒误差不超过4粒。这个标准足以凸显小野二郎对工艺的严格要求。他认为制作寿司用到的米饭也是很有讲究的，米饭要筋道、不黏牙且要粒粒分明，而且一个寿司放多少粒米饭也是有要求的。小野二郎经过多年的研究和经验总结得出每一个寿司最佳米饭粒数，所以他制作的每一个寿司米饭粒数误差不超过4粒，否则可能会影响寿司的口感。

由此可见，小野二郎的寿司制作工艺要求非常严格，也因此区别于绝大多数同行，凭借着独特的工艺，小野二郎的寿司店闻名世界，他的店被认为是全日本最难预约的寿司店之一，普通人通常需要等待一个月才能预约成功，但这并未减弱食客们的热情，人们从世界各地慕名而来，希望能够品尝到小野二郎做的寿司。

案例17 铜师傅：大师级工艺

铜师傅是将工艺作为卖点的一个装饰摆件品牌。

市面上铜器摆件的制作工艺并没有太大差异，而铜师傅这个名字取得恰到好处，因为消费者听到这个名字，会联想到是一群大师在做铜器，从而可能认为这个品牌的制作工艺非常专业。

铜师傅大师级工艺的背后，有一群追求完美、视艺术为生命的设计师以及一群功力深厚、技艺超群的铸铜师傅，他们追求一个共同的梦想——创造出精妙绝伦的铜器。

铜器的制作工艺种类多，“失蜡铸铜”工艺因其历史悠久而备受推崇。

铜师傅采用的正是此种流传至今的古典技艺——失蜡铸铜。首先，制作细腻光滑的蜡坯，辅之以砂加热将蜡融化，再在砂模中注入1000℃左右的铜水，冷却定型后，则凿开砂模，取出浇铸好的铜毛坯，再经反复打磨、清洗、着色，才能够得到一件完美的铜师傅作品。图2-14所示为铜师傅的制作过程。

图2-14　铜师傅的制作过程

如今，失蜡铸铜工艺成为铜师傅区别于其他品牌的特色，再加上有大师的背书，更加彰显其工艺的独特性。铜师傅正是因为工艺精湛，秉承久炼成器、造化入铜的理念，才在电商低价竞争中脱颖而出，成为铜器摆件行业中的高端品牌。

案例 18　高跟 73 小时：做一双鞋至少要 73 小时

高跟 73 小时，是近年来崛起的国内鞋靴品牌。一直以来，很少有新品牌能在中国鞋靴市场中突围，因为这个市场常年被大品牌所主导，但高跟 73 小时作为一个后来者迅速崛起，销售业绩表现突出，值得我们关注。

该品牌的名字本身就透露了其卖点。“高跟 73 小时”这一名称新颖独特，它的意思是制作一双高跟鞋至少需要 73 小时，耗时远远高于行业平均水平，这反映出品牌对慢工艺的坚持。实际上，这个高跟鞋品牌的确在鞋子上做了很多突破，也让其产品与市面上的产品形成鲜明区别。

首先，舒适度显著提升。相比于市面上的其他高跟鞋，高跟 73 小时特别做了前脚掌加宽工艺，后跟增设乳胶垫，这样的设计减少了鞋子磨脚的可能性。其次，精致度也显著提升。高跟 73 小时的第一批鞋子，前前后后改了很多次，厂里面的师傅说，在他们长期的制鞋过程中，很少遇到如此高的要求，这都是为了把鞋子做得更精致。

最终，独特的慢工艺理念赋予了产品较高的舒适度和精致度，也让它获得了区别于其他同行的特点，赢得了消费者的认可与喜爱。成立第一年，高跟 73 小时就交出了客单价高于 1000 元，销售额达数千万元的优异成绩单。目前，高跟 73 小时已经在上海、杭州等城市开设了门店（见图 2-15），市场表现优异。

图 2-15　高跟 73 小时的门店

独特的工艺往往需要生产商投入大量时间来打造，这能彰显一个产品的稀缺性。所以一个产品拥有核心工艺且能够实现核心工艺，可能会卖出比较高的价格，这也是以工艺为卖点的价值所在。

案例 19　全聚德："挂炉烤鸭"工艺

餐饮市场，尤其是烤鸭品类，竞争异常激烈。许多商家在鸭种选择、酱料调制和店铺环境上大做文章。然而，全聚德坚持以"挂炉烤鸭"这一经典工艺为核心卖点（见图 2-16），在市场中赢得了众多食客的青睐。

图 2-16　“挂炉烤鸭” 工艺

全聚德作为“挂炉烤鸭”工艺的守护者，始终秉持着对美食的持续追求与对烤鸭工艺的精心考量，坚持采用这一经典工艺，使其在众多烤鸭品牌中独树一帜。

全聚德精心挑选枣木等优质果木作为燃料，这一选择经过深思熟虑，而非随意决定。果木燃烧时产生的独特烟熏气息，为烤鸭赋予了特别风味的基础。同时，特制的挂炉也已准备就绪，它精妙的设计是提升烤鸭口感的关键，能保障鸭子在烤制时均匀受热。

接着，处理好的鸭子被稳稳挂入炉中，烤鸭师傅们登场，他们身怀精湛技艺，把控烤制时间与火候。在大约 45 分钟到 1 小时的烤制时长里，高温与果木烟熏同步作用。

最终，烤鸭带着出色的口感、诱人的色泽和馥郁的香气出炉，呈现在食客面前。鸭皮酥脆、鸭肉鲜嫩多汁，整体口感、色泽与香气达到了良好的均衡，让食客尽情领略“挂炉烤鸭”工艺的魅力，收获一场难忘的味觉体验。

从文化传承的角度来看，全聚德的“挂炉烤鸭”工艺体现了其深厚的历史和文化价值。随着“挂炉烤鸭”工艺的传承与推广，全聚德的品牌影响力逐步扩大，这有助于全聚德在竞争激烈的烤鸭市场中稳固其领先地位。

案例20　鲁花：5S物理压榨工艺

食用油向来是烹饪美食的关键，而我国消费者常常选择原色原香的油品。正因如此，市场上标榜原色原香、天然健康、没有任何添加剂的食用油深受消费者欢迎。而在所有原色原香的食用油中，鲁花做得尤为出色，以至于很多餐厅饭店都宣称“使用鲁花花生油”。

鲁花是如何崛起的呢？面对市场上存在的劣质油问题，鲁花提出了“我们避免使用化学调和油，专注于物理压榨，这种物理压榨的油原色原香、天然安全、营养流失少”。然而，物理压榨的工艺门槛较低，容易被同行复制，如果只用物理压榨作为卖点，可能会导致竞争优势的缺失。为了实现更大的市场差异化，鲁花提出了“5S物理压榨工艺”，成为物理压榨领域的引领者。

鲁花5S物理压榨工艺包括五个方面的标准，用以衡量品质和进行质量控制。该5S物理压榨工艺通过了国家科技成果鉴定，具备五大优势。

（1）生产中避免了化学溶剂对油品的污染，使食用油品质的安全性得到可靠保障。

（2）该工艺采用独特焙炒工艺，解决了花生制油过程的生香和留香问题。

（3）通过采用集成高新技术，解决了成品油中酸价超标的问题。

（4）该工艺摒弃了浸出油工艺中使用的溶剂、碱、超高温精炼等影响成品油质量的不利做法，从而保留了成品油中的天然营养成分。

（5）该工艺采用黄曲霉素分离技术，有效降低了油品中的黄曲霉素含量。

鲁花通过对这种工艺的解释，给食用油行业下了一个定义，制定了一个全新的标准。同时，鲁花把食用油划分为 5S 物理压榨和非 5S 物理压榨两类，引导相当一部分消费者优先选择符合这些标准的油，鲁花也因此奠定了自己的市场地位。

工艺是产品非常重要的属性之一。每一个产品都有自己的生产工艺，不管是纯手工的工艺，还是特殊标准的工艺，通常都能使产品具有差异化优势。若这个工艺是整个行业共知的，企业往往要加入自己的元素，把工艺变成自身独有的，这有助于增强企业的竞争力。

例如，鱼油的生产需要经过过滤提纯，该工艺的标准是在行业中普遍存在的，但是企业可以进行卖点升级，提出低温超滤提纯工艺的卖点，又或者提出分子蒸馏提纯工艺的卖点，这些都可能成为独家工艺卖点。一旦这种工艺像鲁花 5S 物理压榨工艺那样成为行业标准，那么这个产品的竞争力会大大增强。

5. 功能即卖点

从品牌策划的角度来讲，产品基本上分为两大类：一类是功能类产品，另一类是风格款式类产品。要找到突破性的产品卖点，需从一个重点角度切入，而功能正是一个重点角度。由于消费者通常关注产品的使用功能和预期效果，功能可以体现产品的效果，因此功能卖点往往是一种有竞争力的卖点。

通常产品的升级是通过功能的升级来展开的，许多产品功能的升级都可能影响一个行业，甚至重新定义一个品类。例如，在电视机行业，仅仅是彩色屏幕的引入，使得产品从黑白电视升级为彩色电视，为整个行业带来了巨大的变革。如果一种产品比竞争对手多一个功能，通常会更受欢迎。如果一种产品比对手的功能更强，往往也会卖得更好。

案例 21　再三：宠物主喜爱的除毛洗衣凝珠

这些年来，多效合一的洗衣凝珠正在成为越来越多消费者的购买选择，这是因为它让消费者感受到“一颗”代替“多瓶”的便利。相比于分别倒入洗衣液、柔顺剂、除菌液，多效合一的洗衣凝珠因其便利性受到消费者欢迎。该品类产品的流行充分说明了“功能即卖点”。

近年来，清洁品牌“再三”成功突围，它推出一款全新的洗衣凝珠产品（见图 2-17），赢得了市场的关注和喜爱。与普通的洗衣凝珠不同，该产品有独特的除毛功能，能有效去除宠物毛发，并且能够抑制宠物携带的病菌、去除尘螨和宠物体味。

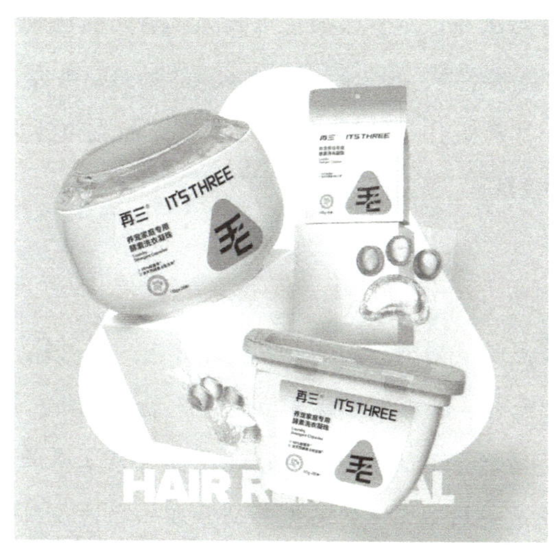

图 2-17　再三的除毛洗衣凝珠

据了解，除毛洗衣凝珠是再三与德国日化集团巴斯夫合作研发的，其配方中添加了除毛因子，能帮助毛发与衣服脱离，并防止其再次附着于衣服上。此外，该品牌还与香料公司奇华顿合作，在香味上选用淡香且对宠物友好的配方。

对许多宠物主来说，掉毛、细菌和异味是三大宠物清洁问题，也是不可忽视的痛点，然而目前市面上缺少相应的产品。再三的这款产品以全新的功能卖点亮相，区别于市场上的其他产品，一次性解决宠物主洗衣时的毛、菌、螨、臭的多重痛点，因而受到了许多宠物主的喜爱。

自产品上市以来，再三洗衣凝珠已在全国超1000家门店销售，许多宠物店已经引进了这款洗衣凝珠，有店主表示，该产品的销售额在一定程度上可与主粮、零食、猫砂这三大宠物店传统动销品相媲美，已成为门店的热销单品。再三的除毛洗衣凝珠的热销再次证明了——功能即卖点，一旦产品引入创新功能，它更有可能成为独特的产品，开拓全新的市场空间。

案例22　几光：光、声、香、美四位一体

在功能卖点的策划上，几光表现较为出色。它创新性地把家电和家居装饰品相结合，推出了多款多功能的产品。对消费者来说，几光的产品不仅是功能强大的家电产品，还是具有艺术感的家居装饰品。凭借着多功能这一核心卖点，几光的销量在一年内获得了显著增长，是目前家电类产品销量增长较快的品牌之一。

几光的产品难以用单一的品类去定义，因为它的产品通常“身兼数职”，具备多重功能：例如“橱柜感应灯”，既可以提供智能照明，还可以充当烹饪计时器；“雕塑家音箱”除了音响功能，还具有无线蓝牙充电和智能灯光控制的功能，其布料工艺更提升了产品的艺术感，使其成为一件艺术感很强的家居装饰品。

还有一款让编者印象深刻的产品，那就是几光的“香薰音箱”（见图2-18），这可以说是“光、声、香、美”俱全的产品，它既是能扩香的香薰，又是能听歌的蓝牙音箱，还是有氛围感的灯具，外观设计充满美感。当你用它播放音乐时，其自带的氛围灯亮起，设计元素如“唱

片”般随之转动，香气随之散发，对消费者而言，这是一种非常独特的感官体验。

图 2-18　几光的“香薰音箱”

总之，“多功能”是几光产品的一大特征，也是几光与其他同类型品牌相比的竞争优势之一。通过不断推出多功能的产品，几光做到了品类上的创新，在行业中确立了新的市场定位。

几光已累计申请超过200个专利，未来还会推出更多具有创新设计的多功能家居产品。专利保护是几光的一项重要优势，随着一系列具有创新功能的新产品推出，几光的品牌竞争力有望进一步增强。

可见，找到产品的新功能将其塑造为新卖点，就有可能超越同行。一旦找出产品有竞争力的功能，哪怕仅仅有一个，如果同行未注明而你先注明并突出了这个功能，你的产品可能会在市场上获得更好的表现。而如果找到多种有竞争力的功能，那产品就具备了显著的竞争优势。在多功能卖点的表达上，双星的八超鞋就是一个经典案例。

案例 23　八超鞋：八个功能征服无数老人

有一个鞋子品牌叫双星，它主打老人鞋。老人穿鞋的要求较高，随着老人年龄越来越大，他们对行走安全性的要求也越来越高。经常有新闻报道很多老年人因走路跌倒而受伤，因此，老人鞋与普通鞋的要求不同：它不仅要有普通鞋的基本功能，比如透气、舒适、柔软，而且还应该具有耐穿、防滑和减震等功能。双星研发的八超鞋，所谓八超鞋，就是用八个标准来打造的老人鞋。

第一个标准是耐穿。双星将轮胎技术运用到制鞋当中，使鞋子更加耐穿。

第二个标准是防滑。鞋底采用了耐磨防滑材质，抓地性很强。此外，双星还在鞋底设计了防滑锯齿。

第三个标准是减震。鞋底柔软、有弹性，能够充分吸收地面对脚部的冲击力，进而保护老人足部，穿很久也不会感觉到脚累。

第四个标准是透气。鞋子设有微型透气孔，舒适、排汗快、避免闷脚。

第五个标准是轻便。鞋子的重量只有普通鞋的 1/3，长时间走路也不会感觉到有负担。

第六个标准是柔软。鞋子具有较高的柔软度，根据老年人脚的特点设计，鞋前宽、鞋中韧，走路轻松，柔软高帮保护脚踝。

第七个标准是舒适。防撞圆头能保护脚趾磨不着、伤不着，穿着感觉舒适。

第八个标准是实惠。价格相对实惠，因为许多老年人不希望买很贵的鞋子。

这款鞋功能多，而且每一个功能都符合目标消费者需求。最重要的是，这个品牌以功能为亮点，给鞋子取了一个名字——八超鞋。双星八超鞋成了很多老年人喜爱的一个产品。“双星八超鞋”八大标准如图 2-19 所示。

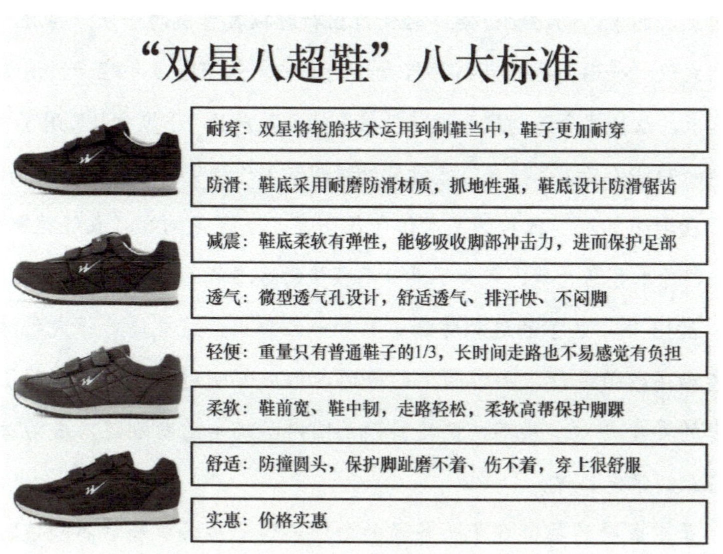

图 2-19　“双星八超鞋”　八大标准

功能卖点是较易被消费者认同的卖点之一，因此，很多风格款式类产品也试图把自己包装成具有功能卖点的产品，以实现市场突破。

案例24　蕉下：靠高颜值防晒伞成功突围

如今提起防晒伞，许多人会想到蕉下，它已经成为防晒伞品类的重要品牌，曾多次在销量上超过占据市场领导地位的天堂伞，这相当于是守擂台数十年的老玩家，突然被一个新锐品牌“踢馆成功”。蕉下是如何做到的？

蕉下发现了伞业的重要机会。首先，当时市场上缺少主打“防晒功能卖点”的伞，而防晒却是年轻女性出行时极其重视的一点；其次，伞的款式设计普通，很难获得年轻女性的青睐。蕉下瞄准年轻女性消费者的需求，改良了伞的材质和设计，推出的首款产品“小黑伞”采用了“双层伞面+L.R.C涂层”技术，宣称紫外线阻隔率达到97%以上；与此同时，蕉下在伞面加入了独特的高颜值印花图案，或鲜花绚烂，或碎花飘逸。因此，原本普通的伞，成为了具有高颜值的防晒伞（见图2-20）。

2013年，蕉下的这款防晒小黑伞一经推出，就凭借着强大的防晒功能和高颜值设计，和市面上的普通伞形成鲜明对比，迅速俘获了消费者的爱美之心。蕉下也就此引领了国内防晒伞的新潮流，成为防晒伞行业的领先品牌。

蕉下成功的关键在于为普通的伞增添了“防晒”和“高颜值”这两大功能特性，满足了消费者对防晒和时尚的双重需求。蕉下的成功再一次证明了——功能即卖点，一旦拥有强大的功能，即便是原本平淡无奇的产品，也能变成行业中闪耀的新星。

图 2-20　高颜值的防晒伞

案例 25　淳度："可外穿"的家居服

在家居服行业的竞争中，各品牌之间的竞争非常激烈，其中价格竞争是一个显著方面。家居服通常被视为室内穿着的服装。在许多人的印象中，家居服品牌在宣传时，大多集中于"舒适性"，而款式和独特的卖点相对有限。

在激烈的市场竞争中，淳度通过创新推出了"可外穿"的家居服，将产品使用场景从室内扩展到户外。

淳度推出的"可外穿"的家居服，其"可外穿"的功能卖点让品牌在跨界竞争中拥有明显优势。当它进入服装市场时，淳度的家居服在舒适度上具有竞争力。而当它进入家居服市场时，淳度的产品因其融合了时尚设计元素，与传统家居服形成了差异，也具有竞争优势。尽管淳度的产品定价较高，但仍有相当一部分消费者选择淳度，这显示了淳度品牌拥有一定的市场忠诚度。这主要是因为淳度抓住了“可外穿”这一功能卖点，为家居服增添了时尚感。

从消费心理来看，许多消费者越来越追求产品的多元价值。淳度的“可外穿”家居服精准契合这一趋势，为消费者提供了更多穿搭场景选择，无论是下楼取快递、散步遛狗，都不用换装，节省时间的同时还能保持时尚精致。这种便利性与时尚感兼具的特质，增强了消费者对淳度的偏爱，让其在众多品牌中保持竞争力。

许多品牌策划人员积极寻找新的功能卖点，将功能视为产品的核心价值，皆因功能卖点是最能让消费者付费的卖点之一。因此，销售产品时，应给产品找一个卖点；如果找卖点，应找一个新颖的功能卖点，让产品具有与众不同的竞争力。

6. 时间即卖点

时间具有稀缺性，耗费时间打造的产品更加珍贵，所以时间也是卖点的来源。例如，国窖 1573 的名字里就有时间，名字直接表达了泸州老窖的精华。

此外，时间能代表产品的生产日期。例如“我们只用当年的高粱酿酒，坚决不用去年的陈高粱”，这就是从生产时间的角度营销产品。

时间能代表消费者享有的服务体验。当企业承诺一件定制的服装在 7 天之内快速出货，便能提高消费者满意度，因为“制作时间短”这个卖点让消费者免去了等待之苦。

时间还能用来体现品牌的工匠精神。例如，“耗时 3 个月打磨一张床”的慢工艺精神。

不仅如此，时间也定义了产品的特定属性，如适宜晚上喝的茶、经期专用内裤和午睡枕等，这些与时间相关的卖点也是消费者愿意购买的原因。

因此，时间是强大的卖点：它能表达古老，也能表达新鲜；它能表达工业速度，也能表达工匠精神；它还能表达可以满足特定时期的需求。将时间作为卖点，可以让消费者更直观地感受到产品的价值，因此时间也成为策划卖点的一个切入点。

案例 26 羽心堂：传承三代人的康养智慧

现在“养生”这个话题不再是老年人的专属了，近年来，许多年轻人对养生也颇有兴趣，市面上各类新奇的养生产品层出不穷，涌现了一股养生热潮。羽心堂瞄准了机会，在养生花茶赛道脱颖而出。这个品牌于 2018 年成立，全网月销售额近千万元，复购率达到 36%。这样的成绩引发了行业内的广泛关注。

羽心堂的成功离不开它的卖点——传承三代人的康养智慧。花茶的制作是有讲究的，例如，选取什么样的花材，如何搭配花材等，这些都是非常专业的事情，需要由具有丰富行业经验的人来完成。而当时市面上的花茶产品质量参差不齐，花材的选取及其配比都缺乏统一标准，许多年轻消费者迫切需要一个值得信任的品牌。所以羽心堂的“传承三代人的康养智慧”的卖点，成功吸引了消费者。

在花茶赛道，像羽心堂这样拥有多年从业背景的创始团队相对少见，而羽心堂以时间为卖点，向消费者展现了其深厚的历史底蕴和丰富的行业经验，这加深了消费者对其产品和品牌的信任，让人们感觉羽心堂调配花茶很专业。以羽心堂的熬夜茶为例，该产品指出单一温补成分难以被有效吸收，故而推出科学调配的熬夜茶（见图2-21），科学搭配有助于实现协同增益的效果，使得这款产品上市后深受消费者的信任与喜爱。

图2-21　羽心堂熬夜茶的宣传海报

羽心堂的案例很好地说明了“时间即卖点”，它强调的是时间长——行业经验丰富、历史悠久。反之，时间短也可以作为卖点。因为人们往往认为时间短可以代表新鲜，越新鲜越好，即产品从生产、运输到送达消费者手中的时间越短，往往意味着越新鲜，品质也越好。因此，很多品牌以时间短作为卖点，提出了诸如“不卖隔夜肉”“新棉”“新米”“日日鲜牛奶”等时间概念。在利用时间概念作为卖点方面，悦鲜活是一个典型案例。

案例 27　悦鲜活：0.09 秒瞬时杀菌奶

悦鲜活是牛奶行业的一匹黑马，它的策划案可谓把“时间即卖点”表现得淋漓尽致。悦鲜活采用 INF0.09 秒瞬时杀菌技术，用这种技术能在短时间内杀净大部分有害菌，且最大限度保留牛奶的鲜甜和营养。0.09 秒是什么概念？比眨眼的时间还短，眨眼一般耗时 0.1 秒。

“INF”这种技术是指在一个巨大的真空蒸汽空间中，牛奶自然滴落实现升温，随后在高压条件下穿过杀菌温度管道，实现瞬时杀菌。

和普通牛奶相比，采用这种瞬时杀菌技术生产出来的牛奶能在杀菌的同时保留更多活性营养。普通牛奶灭菌的过程中，活性蛋白容易被破坏，但活性蛋白是牛奶中非常重要的营养物质。

因此，同样是牛奶，悦鲜活的瞬时杀菌奶更有营养。为了实现“瞬时”，悦鲜活的工厂就设立在奶牛生活的牧场旁边，这里有一个 310 米长的无菌管道，将牧场的牛奶直接送达工厂，从挤奶到生产环节，最长只耗时 2 个小时。此外，悦鲜活还建立了全网立体冷链物流系统，让产品抵达消费者手中时通常是“凉凉的、很新鲜”的状态。

“瞬时”的时间卖点（见图2-22），让人感知到悦鲜活的每一滴奶都是富含活性营养的鲜活奶，每一滴奶仿佛都经历了与时间的赛跑。悦鲜活正是因为如此独特的时间卖点，成功获得了大批消费者的喜爱，尽管它走的是高价路线，一瓶450毫升装的悦鲜活牛奶售价高达11.9元，远高于其他鲜奶品牌的价格，但依然有很多消费者愿意购买。

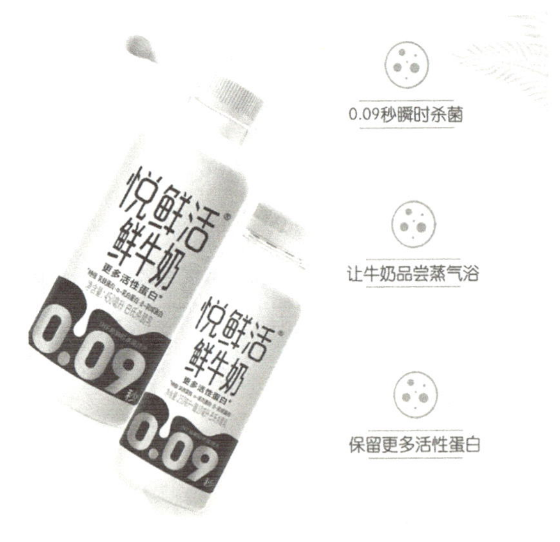

图2-22　悦鲜活的“瞬时”卖点

案例28　植观：保鲜期只有90天

洗发水行业可谓竞争激烈，宝洁公司旗下的多个知名品牌都有洗发水产品，大多比较强势，都有独特的卖点和品牌影响力。所以一个不知名的品牌在这个行业想脱颖而出是很难的。

植观带着“懂头皮”的理念进入了洗发水行业。一般来讲，洗发水都是用来清洁头发的，很少关注头皮护理，而植观致力于开发具有头皮养护功效的洗发水，它认为头皮是头发的根源，头皮好，头发才会好。这一全新理念获得不少消费者的认同。

为了提升头皮护理效果，植观采用面部护理级别的标准研发头皮护理成分。因为很多人只重视面部护理，但是在头皮护理上却并没有花很多的精力，所以植观在产品中特别添加新鲜植物成分以进行头皮护理，把头皮当成面部一样悉心养护。一款“懂头皮”的洗发水就这样诞生了。

植观特殊的成分与氧气接触后容易变质和失效，因此其保鲜期只有 90 天。植观的每一瓶洗发水都是小瓶装的（见图 2-23），开盖后必须在 90 天内用完，如果 90 天没用完，建议不再使用。这个卖点让植观显得与众不同，吸引了消费者的注意，在此之前，市面上几乎没有品牌提出过 90 天短保鲜期的概念。

图 2-23　植观的产品

90天的短保鲜期成了很多消费者选择植观的重要原因，90天给消费者的感觉就是它很新鲜。

以90天短保鲜期为卖点，植观作为一个互联网新兴品牌，在洗发水行业站稳了脚跟，成立三个月后，植观的销量就突破了100万件。

案例29　空刻：15分钟还原餐厅级意面

“快”也是一个重要的卖点，因为时间是宝贵的资源，人们喜欢为自己节省时间的产品，所以许多以“快”为卖点的产品，诸如快充插头、快干毛巾、快热炉等，备受消费者的喜爱。

以“快”为卖点，空刻是一个成功的品牌。空刻成立于2019年，它在国内率先提出了“速食意面”的概念，产品一上市便受到不少消费者的欢迎。它的成功离不开对时间卖点的运用。在空刻之前，意面与挂面产品的制作过程相似。消费者需要采购面条，再买一些食材去搭配意面，往往要耗费较多时间、精力才能完成一道意面。整个意面的烹饪过程耗时且麻烦。

为了节约消费者的时间，空刻将意大利面设计为方便食品（见图2-24），在产品中加入西式调味料，让消费者节省准备时间，它的广告宣传语是“15分钟还原餐厅级意面”。以番茄肉酱风味的意面产品为例，空刻精选猪肉与新鲜番茄，经过2小时慢炖制成浓缩酱汁，搭配上黑胡椒、海盐、初榨橄榄油、芝士和欧芹等，将这些材料做成5种口味微调包，这些配料省去了消费者的自主调制环节，消费者只需15分钟就能轻松烹饪出美味的经典意面。

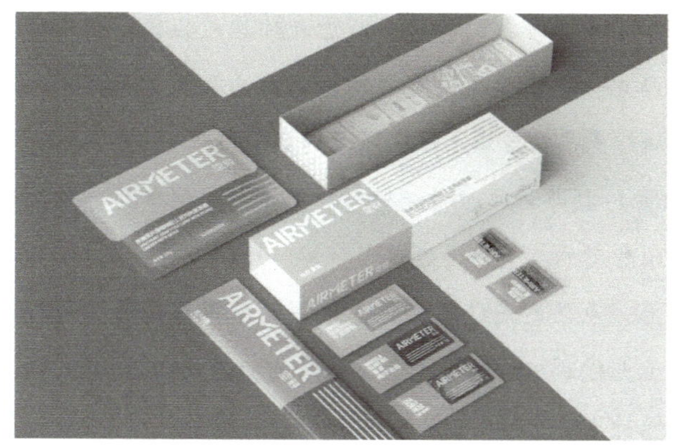

图 2-24　空刻的意面产品

对消费者来说，短时间内享用正宗意面，属于极具吸引力的卖点。

牺牲品质以追求快速，并非消费者所追求的，消费者真正想要的是快速享用优质意面，所以空刻特别邀请星级酒店的总厨团队，精心调配意面的配料，同时，空刻从欧洲进口食材，精确控制烹饪的温度和时长，旨在还原意面的味道，这让消费者进一步感知速食意面的品质，也让空刻在消费者心中的地位进一步提升。销量是其实力的证明，2020 年，成立仅 1 年的空刻意面取得了短时间内销售 7 万盒的成绩，此后，空刻连续 3 年多次成为天猫意大利面类目销量领先的品牌。

案例 30　利郎：耐洗衬衫

国内男装市场竞争激烈，市场格局一直处于不断变化之中。利郎男装作为一个成立多年的品牌，消费者对其产品有着较高的认可度和忠诚度。其中一个重要原因是它擅长将产品及其卖点推陈出新，因此品牌保持新鲜感，在市场上保有强大的竞争力。

2023年，利郎新品“耐洗衬衫”上市，这款新品一经上市便受到众多男性消费者的喜爱，迅速攻占市场。所谓“耐洗”，是从时间角度表达的卖点，表达的是这款衬衫多次穿洗后不易变皱。利郎的耐洗衬衫通过了专业检测机构的检测，证明该衬衫即使经过30次机洗，不用熨烫也可保持平整。

利郎这款衬衫采用了专业的免烫工艺，还使用了八大身嵌条骨架系统来维持结构，使衬衫长期保持平整，版型挺阔，不易变形。

很多男士买衬衫时会关注平整度以及耐穿性，也就是衬衫的使用寿命。在网络上搜索“衬衫”时，常会出现“衬衫能机洗吗”“衬衫熨烫小妙招”“衬衫不皱”等关联关键词，这也从侧面说明，衬衫的清洗、熨烫和使用寿命等问题是长期困扰消费者的问题。而利郎凭借其耐洗衬衫的卖点，让男性消费者认为这是一件耐穿且不易变形的衬衫。

消费者可以省去熨烫环节，从洗衣机里取出的就是平整如新的衬衫。因此利郎这款产品受到了消费者的喜爱，一上市就迎来火爆的销售场面。

案例31　BOP：随时随地一漱清新

以前漱口水通常以大瓶装出售，消费者习惯在家里早晚使用。现在，漱口水的使用场景已多样化，消费者不仅早晚在家时会使用漱口水，出门在外口腔有异味的时候，也希望能够使用漱口水。为了迎合这个需求，BOP 推出便携式条装漱口水（见图 2-25）。

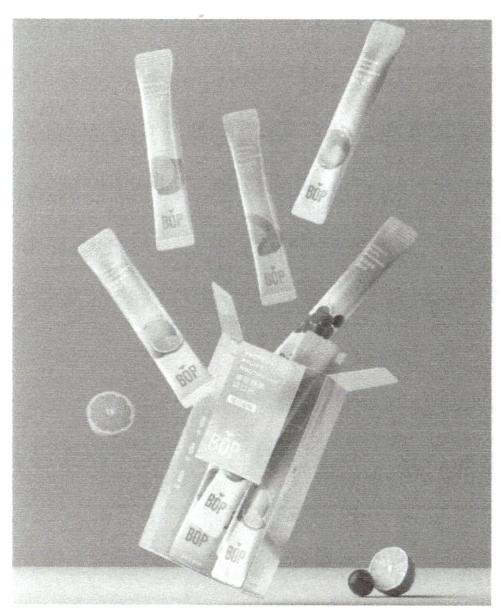

图 2-25　BOP 的条装漱口水

“随时漱口”本质上是一个时间卖点，它意味着，消费者在餐后若感觉口腔有异味，便可使用随身携带的 BOP 条装漱口水来清新口气。

例如，BOP 条装漱口水可以满足上班族的使用需求。很多人一大早就出门上班，午饭在办公室吃，用餐后，若需与人交谈，BOP 条装漱口水能有效解决口气问题。

BOP条装漱口水同样能有效地解决度假人群的口气问题。瓶装漱口水太占储存空间，人们外出携带不便，而条装漱口水不仅小巧便携，而且干净卫生，解决了瓶装漱口水不便携带的问题。

因此，BOP从时间角度切入，重新定义了产品和卖点，强调产品随时随地可用。最终，因为这款产品适用于不同时间段的多种生活场景，吸引了广泛的消费者群体，销量也有了一定的保障。

其实，"随时可用"的卖点并不稀奇，如"随时随地，脉动回来""士力架，随时补充活力""出差就带壹号本，随时随地自由办公"……这些案例再一次说明，好卖点具有共通性，是可以跨行业应用的。

案例32　孕味食足：孕期专属零食

孕妇零食市场的进入壁垒相对较低，产品同质化严重，许多食品品牌都可以通过自主生产或代工方式进入该市场。孕味食足作为该行业的一个新锐品牌，自2017年成立以来，已逐步建立了品牌地位和影响力。它是如何另辟蹊径吸引消费者的呢？

孕味食足发现，随着"95后""00后"孕妇成为新兴消费群体，传统孕妇零食市场正发生新变化，由于这一群体更加注重产品的健康和营养，所以市面上出现了许多主打相应卖点的产品。为了更好地满足孕妇的需求，孕味食足提出了"孕期专属零食"的卖点，这一卖点使得品牌迅速在市场上脱颖而出。

孕味食足促使消费者建立了新的决策标准。因为它是针对孕妇研发的零食，消费者倾向于认为这样的产品更专业，能更好地满足她们在孕期对健康和营养的需求。孕味食足为了更好地满足孕妇的需求，还进一步对孕期做了细分，将孕期细分为备孕期、孕早期、孕中期、孕晚期四个阶段，并为不同阶段提供了定制化的食品。

通过这种细分，让消费者进一步增强了对其专业性的认同。孕味食足坚信，满足孕妇在孕期细分阶段对特定营养的需求是专业孕期零食的重要作用，所以它在坚果、麦片、早餐粉等孕期所需的高频产品上做了分阶段设计，精准匹配孕妇孕期营养需求。例如，针对“每日坚果”这个产品，孕味食足进行了“分阶设计”。“分阶设计”的核心是为孕妇提供与她们所处孕期阶段相匹配的营养坚果，具体来说，孕早期吃A款、孕中期吃B款和孕晚期吃C款（见图2-26）。

图2-26　孕味食足的宣传页面

孕期专属是一个具有鲜明特点的时间卖点，对孕妇这一特殊消费群体有极强的吸引力。最终，凭借孕期专属这一卖点，孕味食足取得了显著的市场成绩，连续三年保持销售额领先，推动了孕妇零食行业的发展。

时间即卖点。时间能激活产品的生命，能赋予产品新的属性，甚至可以创造新的品类。例如，“睡眠面膜”就是专门为夜间护肤而研制的。

许多品牌都因以时间为卖点而成功。例如，第九城凭借其拉杆箱终身保修的政策，成为行业的领导品牌；顺丰以快制胜，成为快递行业的领头羊；优信二手车提出“30 天包退，1 年保修”的服务承诺，虽然优信没有其他二手车平台建立得早，错过了最初的市场机遇，但是时间卖点使它迅速崛起，在消费者心中成为值得信赖的品牌。

7. 数字即卖点

用数字表达的卖点通常更为直观。从营销的效果来看，通常情况下，给消费者看 1000 个字，不如给消费者展示 1 张图片，给消费者看 1000 张图片，不如告诉消费者 1 个数字，因为数字更容易被消费者感知，简明易懂，更容易被记忆和传播。

很多品牌直接用数字作为其品牌名称的一部分，例如太二、三棵树、三只小山羊、五粮液、五谷磨房、六个核桃、七匹狼、七年五季、八马、八喜、九阳、九牧、九毛九、999 感冒灵、好百年、百度、百雀羚、2345 看图王、163 邮箱、361°、万科、万达，类似的品牌还有很多。

用数字表达卖点，能让消费者更直接和深刻对产品特性的感知。数字可以代表经纬度，可以代表度量，可以代表温度，可以代表程度……用数字表达卖点的策划案有很多，让我们一起来学习。

案例33　南孚电池：一节更比六节强

在电池市场中，“电量持久”是消费者较为关心的性能之一。然而，仅泛泛地宣传“电量持久”在众多电池品牌竞争中难以突出自身特色，因为所有品牌都在强调其产品的续航能力，导致市场同质化现象较为普遍。

南孚提出了“一节更比六节强”的广告语，这一广告中的数字卖点使得“电量持久”的概念更加具体和易于理解，成功吸引了众多消费者。这一数字卖点的重要性不容忽视，因为它不仅简化了产品信息的传递，还加深了消费者对产品特性的记忆。

一方面，数字“一”与“六”的对比，直观地展现了南孚电池在电量上的优势，增强了产品的吸引力，使消费者能够感受到南孚电池的续航能力。另一方面，这一表述向消费者传达了使用南孚电池可能减少更换电池的频率，无论是玩具、遥控器还是其他设备，在多数情况下都能较长时间供电，为消费者呈现产品在使用便利性和性价比方面的潜在价值。

在信息量巨大的当下，消费者面临着众多营销信息，这使得他们的注意力更加分散。南孚电池的广告语“一节更比六节强”以其简洁明了的方式，有效地传达了产品的核心优势，迅速引起了消费者的兴趣。同时，这句广告语的表达通俗易懂，便于消费者之间的口口相传，他们愿意分享南孚电池的使用体验，尤其是其续航能力强的特点，这进一步促进了品牌的传播。随着新用户的增加，南孚的市场地位得到了加强，品牌知名度和美誉度逐渐提升。

在众多品牌中，南孚电池凭借“一节更比六节强”的数字卖点，成功地在市场上脱颖而出，凸显了数字卖点对于塑造品牌独特性的重要性。这种以数字为核心的卖点策略不仅提高了产品的辨识度，而且深刻影响了消费者的购买决策。接下来，让我们看看另一个品牌——DR，如何通过其独特的数字卖点“男士一生仅能定制一枚”钻戒，在市场上塑造了浪漫和忠诚的品牌形象，并迅速赢得了消费者的青睐。

案例 34　DR：男士一生仅能定制一枚

现在很多人都知道 DR 品牌，这是国内品牌，虽然成立时间短，但是发展速度非常快，其商业版图已经扩展到全球。自创立以来，DR 在巴黎、广州、上海、北京、深圳等全球一百多个城市开设了五百多家门店，深受中高端消费市场的认可，在各大社交平台上拥有两千多万的粉丝。

其实该品牌创立之初也曾面临市场挑战。当时，市面上的珠宝钻石名店太多，外国的品牌如梵克雅宝、卡地亚等，中国的品牌如周大福、周生生、老凤祥等，个个不容小觑。在这样一个竞争激烈的背景下，要想脱颖而出是非常不容易的。品牌创始人认为，品牌必须要有自己的特色，有与众不同之处。

因此，DR 提出了一个新概念：男士一生仅能定制一枚（见图 2-27）。这颠覆了传统钻戒行业的规则。在这个购买规则下，每位男士通常只能用身份证购买一次，一般情况下不可以重复购买。

图 2-27　DR 的宣传页面

DR 提出的“男士一生仅能定制一枚”这个规定，独特新奇，极具传播性，迅速在网络上流行，很多消费者特意购买 DR 钻戒以表真心，还会在社交平台分享图片和展示浪漫。这个奇特的规定满足了消费者的心理需求，认为自己买的不仅是钻戒，更是象征着一生只爱一人的爱情理念。

其中，数字“一”起到了关键作用，如果改变了这个数字，就难以表达品牌的独特理念，也难以表达独一无二的爱。通过数字“一”，男性消费者可以很好地向爱人传递爱意，这不仅表达了爱情的唯一性，也使 DR 品牌在消费者心中占据了独一无二的地位。这便是数字的力量，恰当地运用数字可以让卖点的吸引力显著提升。

自此，众多消费者坚定选择 DR 钻戒作为定情信物，这也让 DR 销量得到了显著增长。DR 钻戒长期稳居天猫、京东钻戒品类销量榜首。

家具品牌卫诗理作为一个后起之秀，尽管其产品售价在 8000 ～ 10 000 元，价格相对较高，但依然能在互联网上取得年销售额过亿元的成绩，这归功于它的卖点包装。例如，它的沙发就提出了一个卖点，即 5 头牛只做 1 套沙发。品牌通过数字的表达，消费者可以充分感受到这套沙发的独特。正如王品牛排所宣传的“1 头牛仅供 6 客”卖点，这个卖点也能充分彰显牛排的珍贵。

案例 35　乌江：数字“三”的魔力

在竞争激烈的榨菜市场中，乌江榨菜凭借其特色的数字卖点“三清、三洗、三腌、三榨”在众多品牌中占有一席之地。在传统榨菜市场中，一些产品往往缺乏一套严谨且清晰的制作流程。这些产品可能只经过简单的清洗和腌制，没有明确的标准和规范。与之形成鲜明对比的是，乌江榨菜采用数字化的工艺步骤，展现出其对高品质追求的努力。

从清洗环节来看，普通榨菜可能仅进行简单地一洗了之，难以彻底去除杂质与不良风味。但乌江榨菜的“三清、三洗”步骤却非常精细，体现了其对品质的严格把控。

在腌制与压榨工序上，一些榨菜的处理方式可能较为随意，难以精准地控制口感与风味。乌江榨菜的“三腌、三榨”工艺是对口感与风味的深度雕琢。

数字卖点的优势在于其清晰易懂，与抽象的形容词相比，更容易被理解和比较。“三清、三洗、三腌、三榨”这一数字卖点直观、易懂，且易于记忆，它以简洁而有力的方式提升了乌江榨菜在市场中的辨识度。每一个“三”步骤都象征着对品质的承诺，将乌江榨菜的品牌形象与高品质紧密联系在一起。

案例 36　三谷：424 科学配比的洗发水

三谷，品牌灵感源自浴室，其名由“浴”字拆解而成，新奇有趣。而三谷的产品也十分新颖特别，在洗发水市场开辟了崭新的局面。

在众多洗发水产品中，标有“424”数字的包装设计使其产品脱颖而出。这款三谷洗发水产品（见图 2-28）以数字“424”为特色，从视觉上显得与众不同，激发人们的好奇心。

图 2-28　三谷的“424”洗发水

数字标记区别于传统汉字和其他符号标记，很容易吸引人们的注意力。因此，三谷这个创新的数字组合标记，快速地吸引了消费者的注意力。那为什么要用“424”这一特别的数字组合呢？原来，“424”代表产品成分的科学配比。“424”指的是仿头皮屏障结构调配的 4：2：4 的成分配比，具体为洗发水中含有 40% 的神经酰胺、20% 的植物甾醇油酸酯、40% 的油茶籽油。

这个配比是有科学依据的。三谷经过精心的成分调配和检测试用后证实，这个比例的配方能更好地补充头皮缺失的脂质，深润修护头皮屏障，保持肌肤水分，调节头皮菌群平衡，有助于缓解消费者头油、头痒、头屑的问题。

数字通常给人客观精确的印象。自产品上市以来，三谷利用“424”这一数字卖点表达了产品精准的配比，让消费者感知到洗发水配方的精确性，从而对这个品牌钟爱有加。

案例37　窝小芽：1357均衡膳食法则

在这个信息爆炸的时代，好的卖点要让消费者一目了然。窝小芽在儿童正餐领域提出了“1357均衡膳食法则”。这个卖点的意思是窝小芽做的儿童正餐产品遵循“均衡膳食法则”，而“1357”的表达形象具体，让卖点更为清晰易懂，它旨在让儿童在1日3餐中摄入5大类食物，7天不重样，以此获取7大营养素，确保一周内饮食多样化。

基于这个理念，窝小芽推出了“一周云吞”，确保孩子在1周中的每一天都有不同的营养搭配，让孩子对食物充满兴趣的同时，满足孩子1日3餐的营养摄入需求，同时又解放了家长，家长不用每天操心该给孩子吃什么，该怎么搭配才好。除此之外，窝小芽还提供了“一周米”和“一周奶酪面”等产品（见图2-29）。从此，家长为儿童选购餐食时，很可能会考虑选择遵循“1357均衡膳食法则”的窝小芽产品，因为它既营养又方便。

窝小芽的视觉营销也巧妙地运用了“1357”这一组数字，将它设计在产品的包装上。数字“1357”让消费者很快注意到窝小芽，也更容易理解和接受品牌独有的均衡膳食的理念。

图 2-29　窝小芽的产品

以数字为卖点，窝小芽迅速发展，在全渠道销售上取得了令人瞩目的成绩。现在，窝小芽已经拥有超过百万名用户，其未来发展前景十分广阔。

案例 38　臻三环：每一口都是三万六千锤

随着市场发展，日本锅、欧洲锅等锅具不断对中国本土锅具市场造成冲击，有一个国内品牌表现出色，它就是臻三环，其广告语让人印象深刻——“每一口都是三万六千锤”。

这一句广告语让它和市面上的普通锅具迅速区别开来。臻三环的铁锅是如何炼成的？经过手工匠人约 36 000 次捶打，而且是纯手工锻打，其制造过程需经 12 道工序、18 遍火烧，并在 1000℃左右的高温下进行锤炼、锻打，最终使铁锅成型。

为什么这个铁锅要经过这么多次锻打？与机器冲压的铁锅不同，手工铁锅具有良好的导热性能。通过密集锤打铁锅表面，铁锅密度更高，导热更加均匀，更不易粘锅。

消费者进一步感知到，臻三环的锅可能炒菜更香，更省油，清洗也更方便。此外，臻三环也将品牌的工匠精神表达得淋漓尽致。正如臻三环铁匠王立芳老人所说的那样："打铁是有感情的，每一锤下去都是有匠人的力道和情感交织的，臻三环的师傅们用严谨的态度和专业的精神在打制每一口铁锅。"

因为匠心独具，这个品牌还被《舌尖上的中国 3》记录，节目一经播出，臻三环名声大振，在全国引起极大轰动与反响，获得社会层面的广泛认可。现在，很多人买一口臻三环锤的锅，品的不只是用它炒出来的菜香，还在感受其深厚的匠人精神。

臻三环的数字卖点说明了一个道理，即数字能够用来表现产品工艺和品质，增强消费者好感和信心。类似案例还有厨邦酱油，它强调日晒时间对酱油口感和新鲜度的重要性，并宣传自己的产品是经过晒制的天然酱油。那到底晒制多久？此前消费者对晒制时间缺乏具体概念，而它提出"晒足 180 天的酱油"。

众多案例都在说明一个道理——好卖点，懂数字。以数字为卖点，可以清晰地表达一个产品的特有属性。数字卖点简明易懂，把抽象的产品特征转化为易于理解和记忆的信息，这就是很多品牌策划人员喜欢使用数字作为品牌名和卖点的原因。

8. 地域即卖点

一直以来，地域的独特性是体现产品出身的重要卖点之一。在地域上找卖点是策划卖点的有效方法，因为地域具备不可复制性和唯一性。

千百年来，人们习惯在产品前附加产地名，例如，西湖龙井、宁夏枸杞、阳澄湖大闸蟹、良乡板栗、文山三七和青海虫草等。实际上，这些地名的背后承载了消费者对地域个性化特点的记忆及对此地所产商品的信赖。

总之，地域即卖点，且可以成为具有竞争力的卖点。在瓶装水行业，许多大品牌喜欢强调其水源的地理来源，将地域卖点作为竞争的武器。

案例 39　瓶装水的地域卖点之争

市场规模达千亿元的瓶装饮用水行业，从不平静。

巴马活泉宣称其水源来自世界知名的长寿之乡，当地居民长期饮用这些水源。源自世界长寿之乡的巴马活泉，经过独特的自然过滤过程，创造了水四次进入地下潜行，又四次流出地表的自然奇观。其独特的水流过程使之富含各种有益于人体的矿物质和微量元素。据称，受强地磁场影响，巴马活泉的水分子形成仅为0.5纳米的小分子结构，一接触皮肤就可能渗入皮肤表层，影响皮肤的有棘层和基底层。有研究表明，巴马活泉独有的珍稀天然小分子团水，能够进入细胞核和DNA，有助于活化细胞酶组织，使其焕发生命活力。有研究表明，长期饮用巴马活泉，可能对人的身体具有一定的抗衰老作用。

5100品牌矿泉水说自己是来自海拔5100米的冰川矿泉水，含有锂、锶、偏硅酸等矿物质和微量元素，其含量符合天然矿泉水的中国新国标和欧盟标准。经科学考察，此处泉水是青藏高原区域性活动断裂带的产物，是岩浆侵入与地热活动双重控制作用下的水热活动伴生物。由大气降水及高山冰雪融水作为源头补给，补给高度在5000米以上，经地下多年深层循环后，携带丰富的有益矿物质和微量元素。

依云说自己背靠阿尔卑斯山，邻近日内瓦湖，该地远离任何污染和人为接触。该水源地经过了长达15年的天然过滤和冰川砂层的矿化，这漫长的自然过滤过程为依云矿泉水注入了天然、均衡、纯净的矿物质成分，这些成分符合人体需求，是安全健康的。依云天然矿泉水在水源地直接装瓶，尽量减少人体接触和化学处理，其水源地每天进行多次水质检查，努力确保水质安全可靠。自1789年依云水源地被发现以来，依云天然矿泉水已经销售到全球140个国家和地区。

每一个地域都有自己独特的优势，一方水土养一方人，一方水土也能产出地域性产品，所以地域卖点常常被品牌策划人员拿来开发和使用。

为了找到独特的地域卖点，品牌策划人员可以深入特定地区的地形地貌，比如岛屿、海洋、高原、悬崖、平原、山地和丘陵等，这些独特的地形地貌常常赋予产品独特的属性。

案例40　崇明岛：不是所有的大米都叫岛米

“崇明岛”是大米界的一个黑马品牌。“崇明岛”大米来自上海崇明岛，被称为岛米。崇明岛是中国第三大岛，崇明岛的地理位置为其提供了得天独厚的优势。崇明岛处于亚热带地区，该地区的气候温和湿润，四季分明。此外，该岛地势平坦、土地肥沃，林木茂盛，特殊的岛屿气候和优越的水土条件，使这里出产的大米品质优良（见图 2-30）。

图 2-30 “崇明岛” 大米的宣传海报

“崇明岛”大米的创始人，一开始就是以颠覆行业的态度进入大米行业的。“崇明岛”大米是最早提出要卖新鲜大米的理念的品牌之一。“崇明岛”大米坚持只卖新鲜米，自推出以来就受到了很多消费者的喜爱。

“崇明岛”大米的“锁鲜”从田间开始，“崇明岛”有专门的锁鲜休眠室，运用低温技术储藏大米，保证大米在加工的过程中，温度上升不超过 0.5℃，避免大米因高温而导致的营养成分流失。科学表明，大米在加工、存放过程中营养可能会流失，有害病菌也可能会逐步增多，因此长期食用库存大米可能对健康不利。然而，经过低温锁鲜加工，再进行恒温储藏，“崇明岛”大米得以保持其营养价值，保留了更多矿物质和微量元素，减少了有害病菌的增长。

“崇明岛”大岛米代表着新鲜的大米，这已经成为“崇明岛”的品牌标签。

岛屿作为一种特殊的地形地貌，“崇明岛”大米利用这一特点开发地域卖点，“崇明岛”大米的案例中，我们看到了地域卖点如何成为品牌差异化的关键。东阿阿胶的案例也展示了地域卖点在建立品牌信任和产品价值中的核心作用。

案例 41　东阿阿胶：源自山东东阿

在阿胶市场中，若仅仅着重于宣扬阿胶那为大众所熟知的基本功效，诸如补血与养颜等方面，想要在众多竞争者中脱颖而出可能是具有挑战性的。毕竟这些功效在市场上屡见不鲜。

因此，东阿阿胶另辟蹊径，特别凸显其“源自山东东阿”这一极具特色的地域卖点。东阿地区的独特地理风貌与水质条件，对阿胶品质的塑造起着重要作用。东阿地下水能达到天然饮用矿泉水的标准。在阿胶的熬制过程中，这样的水源对东阿阿胶的卓越品质和效果起着重要作用，是其品质的重要保障之一。

此外，东阿地区有着厚重的历史文化底蕴。丰富多元的阿胶文化在这里生根发芽，蓬勃发展。东阿阿胶采用传统古法工艺，以高标准精选优质驴皮，经过多道复杂工序，精心熬制每一份阿胶产品。这同样也成为东阿阿胶独特魅力的重要源泉。

在消费者心中，东阿阿胶是品质和正宗的象征。消费者面对琳琅满目的阿胶产品时，可能会更倾向于选择东阿阿胶的产品（见图 2-31）。凭借着地域卖点的有力支撑，东阿阿胶在竞争激烈的阿胶市场中稳稳地占据了一席之地，并且逐步发展成为阿胶领域中备受赞誉的品牌。

图 2-31　东阿阿胶

案例 42　北纬 47°：鲜食玉米的秘密

不只是地形地貌及海拔可以成为地域卖点，经纬度也可以成为地域卖点。北纬 47° 鲜食玉米是黑龙江北纬四十七绿色有机食品有限公司旗下的产品，这款玉米以其独特的名称受到市场的关注，意指产品所产区域位于北纬 47°。

北纬 47° 是一个具有独特农业价值的纬度。这个纬度上分布着世界著名的农业产地，诸如法国普罗旺斯、日本北海道、美国威斯康星州和加拿大阿尔伯特等地的黄金种植带。得益于雨热同期的气候优势和肥沃的黑土地，这里能够积累更多营养物质，产出的粮食通常更加健康美味。

北纬 47° 是世界公认的黄金种植带，这个品牌成功注册了商标，并推出鲜食玉米产品，自上市以来就受到广大消费者的喜爱。该品牌提出，不是所有玉米都来自北纬 47°。在北纬 47°，我国黑龙江拥有珍稀的黑土地资源，冬夏温差超过 70℃，年日照时数超过 2600 小时，加上毗邻小兴安岭的“天然氧吧”，拥有全年优质的纯净空气等优势条件，这为北纬 47° 的玉米创造了理想的生长环境，使得这里种植的玉米通常吃起来更营养、更鲜甜。北纬 47° 的宣传海报见图 2-32。

图 2-32　北纬 47° 的宣传海报

此外，该品牌还采用了快速锁鲜技术，确保每一根北纬 47° 鲜玉米在采摘 1 小时内运达仓库，最大限度地保留鲜食玉米的色、香、味，更加营养、美味，让人们仿佛置身于北纬 47°的玉米地中，品尝着新鲜采摘的玉米。经过这一番描述，消费者可以明显感受到这个玉米是与众不同的，它来自北纬 47°，激发了人们尝试新鲜产品的兴趣。总之，特殊的地域卖点，让北纬 47° 得到很多消费者的认同和喜爱，也使其迅速成为国内玉米行业的领跑者。

地域是常见的卖点，凡是在地域上有优势的产品能够讲述独特的故事，通常在市场上的表现也更为出色。

除了产品生产地域会成为卖点，产品使用地点也能成为卖点。消费者的需求常由产品使用的具体地点激发，进而促成购买行为，所以很多品牌都会从产品使用地点的角度去塑造卖点，例如壁挂洗衣机、办公室专用桌、户外照明灯和车载冰箱等产品都使用了这类卖点。

案例 43　Moodytiger：户外童装

市面上有许多成人户外服饰品牌，成年人在户外运动时需要有足够专业的装备来为每一次远行保驾护航。但是，在童装领域，针对户外这一特定地点的穿着仍供给有限。于是，国内品牌 Moodytiger 瞄准了机会，创新性地提出“户外童装”的卖点，并迅速在市场上获得了优异的表现，成立不到五年就成为业界黑马。

Moodytiger 认为适合户外运动场景的童装需要具备高度专业性，

因为孩子在户外运动时可能更需要专业穿着保护。比如儿童在户外运动时有防风、防寒、排汗等需求，如果没有专业穿着保护，极其容易感冒。所以适合户外运动场景的童装，对防护性能的要求较高。

以儿童冲锋衣为例，Moodytiger 认为一件优质的儿童冲锋衣，不仅要具备耐磨、防风、防水、保暖等基础性能，同时还需要具备科技感、舒适性、时尚感等特点，以满足消费者多元化的需求。Moodytiger 特别研发了具有硬核防护性能的户外全能冲锋衣，实现暴雨级防水（见图 2-33）、高效透湿以及耐磨抗撕裂的功能，该产品一上市就受到家长们的喜爱。

图 2-33　Moodytiger 的宣传海报

Moodytiger 以户外童装为核心卖点，成功在竞争激烈的童装市场中找到了自己的定位，并取得了显著的市场成绩。

Moodytiger 洞察到儿童在户外的穿着需求，成功实现了市场突破。类似的例子还有很多，例如：

需要居家穿的衣服，有了购买家居服的需求；

需要在办公室穿的衣服，有了购买商务装的需求；

需要在高端宴会穿的衣服，有了购买宴会装的需求；

需要在健身房穿的衣服，有了购买健身服的需求。

上述每一个地点通常与一种产品需求相对应，从而可能推动消费者产生购买行为，同时也可能带动一个产品品类的销量显著增长。这体现了以使用地点作为卖点的优势。简而言之，地域即卖点，它给消费者一个有力的购买理由，这对于品牌策划人员来说是一个值得深入探究和利用的策略。

9. 人群即卖点

不同人群往往会产生不同的需求。具体来说，人们往往因所处的生命阶段不同、年龄不同、性别不同和工作环境不同，就会有不同的需求。相应地，产品也具有满足不同人群需求的特性。例如“枕头”这一产品，它根据人群属性进行划分，可以分为婴儿定型枕、儿童学习枕、商务 U 型枕、孕妇枕和防过敏枕等。

这是因为不同的人群对枕头的需求是不一样的，具体来说，婴儿定型枕是专门为婴儿研制的，主要为了让婴儿维持正确的头型入眠；儿童学习枕是为学习期的儿童研制的，主要为了让学习期的儿童能有好睡眠；商务 U 型枕是专门为商务出差人群研制的，其 U 型设计有助于在坐姿下提供更舒适的睡眠体验；孕妇枕是专门为孕妇设计的，考虑到孕期腹部变化，导致睡眠不便，所以这个时期她们就需要一个孕妇枕；敏感肌人群需要一款防过敏枕，所以市场上出现了采用抑菌防螨面料的防过敏枕，以满足他们的需求。

人群可以按如下特征进行分类。

人群性别分类：男人、女人。

人群年龄分类：老人、中年、青年、少年、儿童……

人群职业分类：管理人员、教师、司机……

人群生理特征分类：高、矮，胖、瘦，油性皮肤、干性皮肤……

人群生理时期分类：怀孕期、产后期、月经期……

对人群进行细分之后，企业可以为特定人群研发相关产品，并将人群这一属性作为独特的卖点。

案例 44　理然：男士专用的护肤品

理然就是以性别为卖点的典型案例。众所周知，护肤品行业国际品牌林立，竞争激烈。一般来说，缺乏实力的新兴品牌，难以在这样的市场立足。

而理然就是在这种背景下成功进入护肤品市场并脱颖而出的。其成功得益于对护肤品卖点的创新塑造，使其与其他品牌形成了鲜明的区别。理然的卖点在于创新性地为男士提供专用的护肤品。品牌的广告语“男士护理，理所当然”极具记忆点（见图 2-34）。在护肤品中，理然率先明确提出男士护肤的概念，无疑吸引了无数目光。

图 2-34　理然的广告海报

理然说，之所以专注于男士护肤品，是因为市面上大多数护肤品主要针对女性，男性和女性用同一种护肤品可能并不合适，他们应该有各自专属的护肤品。就拿洗面奶来说，男性和女性用的洗面奶应该有以下差异。

首先，针对男士肌肤问题。因为男女激素分泌是存在差异的，雄性激素的分泌通常会导致男性肌肤更容易出油，所以理然针对男性肌肤开发的洗面奶，添加了超过 30% 的氨基酸类表面活性剂，这一配方有助于在清洁过程中去除油脂和污垢，有效解决男性肌肤容易出油的问题。

其次，适应男士护肤习惯。因为男性的护肤步骤相对更简单，他们通常不喜欢花太多时间护肤，所以理然在研发男性洗面奶时，注重适应男性的使用习惯，旨在通过一瓶洗面奶同时解决洗脸和卸妆这两个问题。

最后，符合男士审美的设计。因为男性审美标准与女性有所不同，所以理然采用了男士喜爱的机械式结构和线框的设计，让人感觉到这是专属男性的产品设计。

理然的卖点深入人心，很多男性消费者感到终于有了专为他们设计的护肤品，纷纷购买理然的产品，这使得理然迅速成为男士护肤品类的佼佼者。而理然的出现也推动了国内男士护肤品类的发展，后来，包括资生堂、联合利华在内的化妆品行业领军企业，陆续推出了男士专用护肤产品。

案例 45　优吉儿：女宝宝专用尿不湿

以前，消费者购买尿不湿往往倾向于花王和帮宝适等知名国外品牌的产品，优吉儿作为一个后来者，迅速崛起的主要原因就是细分人群，将女宝宝专用的尿不湿作为主要卖点。

优吉儿有专业的研发团队，经过长期的研究和分析，发现女宝宝的父母比男宝宝的父母在选用尿不湿上更加慎重。这是因为男、女宝宝的生理结构不同，女宝宝私密处尚未发育完善，容易暴露在外，而大小便基本在尿不湿中解决，倘若排泄物没有清洗干净，加上汗液就很容易滋生细菌。市面上很多尿不湿并不适合女宝宝使用，从小为女宝宝选用专属的尿不湿对其私密处的保护和发育很重要。为保障女宝宝私密处的安全，优吉儿品牌就此诞生了。

优吉儿的女宝宝专用尿不湿具有高吸水性，多达5000个纳米蜂窝透气孔和特级绵柔表层，具有超强导流功能，能均匀吸收液体并锁水，防止尿液回渗；它还有专为女宝宝的排尿位置而设计的加长芯层，以进一步增强吸收效果；此外，它设计了梅花状打孔，以减少红屁屁和感染等问题；采用女宝宝专属T裤窄裆剪裁，减少了卡腿的问题，让女宝宝即使长时间穿着也几乎感觉不到尿不湿的存在（见图2-35）。

图2-35　优吉儿的宣传海报

最终，在竞争激烈的尿不湿市场中，以女宝宝这一特殊群体作为人群卖点，优吉儿取得了显著的成绩。它自推出以来就赢得了女宝宝家长的支持和认可，在电商平台上实现了高销量，提升了知名度，盈利能力也高于行业平均水平，奠定了其在尿不湿行业的市场地位。

案例 46　珍视明：专注用眼过度人群的蒸汽眼罩

在数字化时代，用眼过度已成为一个普遍问题，尤其影响上班族和青少年。

珍视明作为眼药水市场的佼佼者，在没有推出蒸汽眼罩产品前，已经建立了眼部护理的专业形象，并赢得了消费者的信任。关注到用眼过度人群的深度需求，珍视明决定拓展产品线，推出了一款全新的蒸汽眼罩产品（见图 2-36），并提出“适用于用眼过度人群”的卖点，这一卖点吸引了该群体的广泛关注。

图 2-36　珍视明的蒸汽眼罩产品

珍视明蒸汽眼罩的创新在于精准满足用眼过度人群的需求。该品牌洞察到当时市场上虽有蒸汽眼罩产品，但产品功能较为单一且缺乏针对性设计。于是，珍视明凭借自身在眼健康领域的专业性，将产品做了许多特殊的设计，这些创新使珍视明蒸汽眼罩有效满足用眼过度人群的需求，因而赢得了他们的喜爱。

通过满足特定人群，珍视明蒸汽眼罩赢得了市场的认可，并实现了销售额的攀升。珍视明蒸汽眼罩的成功不仅巩固了品牌在护眼领域的地位，也为眼部护理行业的发展提供了新参考。

案例 47　Like uu：发育期少女内衣

女性内衣赛道竞争激烈。价格战可能会影响品牌的长期盈利能力。有一些品牌选择重塑产品及卖点，赢得了属于自己的新蓝海市场。其中一个代表品牌就是 Like uu。

在 Like uu 出现之前，女性内衣市场上缺乏专门为发育期少女研发的内衣。对于处于这一年龄段的人群，一些企业将小码背心包装为少女内衣出售，一些企业则将成人内衣缩小尺寸后再标榜为少女内衣出售，但这样显然无法满足发育期少女的特定需求。

很多家长难以为孩子挑选发育期内衣，因为孩子在发育期时，身体会发生很大变化，不合适的内衣可能会影响孩子发育。一个普遍问题就是尺码选择上的困难——买大了容易导致空杯现象，买小了则可能影响发育。

因此，Like uu 以人群特殊时期为卖点，推出一款为发育期少女定制的内衣。该品牌提出，发育期女孩身体在快速变化，而 Like uu 可以适应女孩身体发育期的不同阶段，满足发育期少女的成长需求。

为此，Like uu 的内衣特别采用 Uair® 创新科技纱线织造，这种面料可实现 4 倍高弹性和 360 度的拉伸，在提供全面支撑的同时，更加贴合身体。这让它成为一款可以适应不同身材的无尺码文胸，能够满足发育期各个阶段的身形变化，贴身舒适，不影响发育，家长们无须担心尺码问题。

此外，考虑到发育期女孩在多场景下的穿着需求，Like uu 特别设计了稳固、不易掉肩带的背心款式，让发育期女孩运动时也能保持舒适。青春期的女孩可能较为敏感害羞，所以 Like uu 做了隐形设计，采用大圆领、大露背的设计，加上无痕的服帖体验，贴心地为女孩们隐去了“有痕”的尴尬。而且，内衣面料也符合严格的婴幼儿纺织产品 A 类安全标准，确保了产品的安全性和可靠性。

以适合发育期作为独特卖点，Like uu 让自己的内衣产品变得十分具有竞争力。它的这款产品上市后得到了家长们的信赖和认可，在短时间内占据了销量榜领先位置。它提供了一个鲜明的例证——找到了精准的人群卖点，即便在竞争十分激烈的女性内衣赛道，仍有市场机会可寻。

发育期少女内衣通过针对特定人群的卖点成功开拓出了市场。这表明，在商业领域中，依据不同人群特点挖掘卖点是一种有效的策略，可能取得良好效果。就像在护肤市场中，不同年龄层人群的肌肤需求各异。薇诺娜更是敏锐捕捉到敏感肌肤人群的特质，成功独辟蹊径。

案例 48 薇诺娜：专研敏感肌肤

在护肤品市场中，国外品牌和本土品牌都拥有强大的市场影响力。薇诺娜意识到，在竞争激烈的大环境下，要谋求突破，需要明确自己的卖点并采取差异化的竞争策略。于是，薇诺娜将核心目标人群锁定为深受肌肤敏感问题困扰的群体，他们在护肤过程中常常感到不适。薇诺娜提出了“专研敏感肌肤”的卖点（见图 2-37）。这一卖点使薇诺娜成功与其他品牌区分开来。

图 2-37 薇诺娜的宣传图片

薇诺娜推出了一系列专门针对敏感肌肤的护肤产品，如舒敏保湿特护霜等。这些产品凭借温和无刺激的配方、专业的敏感肌护理以及严格的产品质量把控，成功在市场上获得了目标人群的关注。

在价格定位上，薇诺娜采取了差异化的策略。尽管薇诺娜的产品价格略高于部分本土品牌，但与国际大牌的同类产品相比价格更低，这一策略使得薇诺娜在价格层面既体现了产品的专业性与高品质，又能被广大敏感肌消费者所接受，从而实现了更高的性价比。

随着时间的推移，薇诺娜凭借专研敏感肌肤人群的精准卖点和有效的营销策略，逐渐在护肤品市场站稳了脚跟，其品牌知名度和美誉度不断提升，这个案例再次说明，人群卖点是品牌突围的重要方法。

人群即卖点。每一类细分人群都会产生细分需求，而这就是卖点产生的根源。

人群有性别之分，因此营养代餐应该提供分别针对男、女的种类，因为男、女的身体状况和营养需求存在差异。

人群有年龄之分，所以奶粉应该分为儿童奶粉、中年人奶粉和老年人奶粉，以满足不同年龄人群对营养吸收的不同需求。

在市场中，很少有品牌能满足所有人群的需求。所以，瞄准细分人群需求，并采取差异化竞争策略，是品牌在市场上突围的有效路径。

10. 专家即卖点

在讨论影响消费者购买决策的因素时，不得不提及一个重要的影响因素——专家。

因为专家具备相关行业的先进知识和经验，对行业了解全面，所以许多消费者往往对专家有较强的依赖感和信任感，品牌也希望将自家产品与专家产生关联，并将专家作为自己的核心卖点。例如，“小罐茶，大师作”这一品牌广告语，展示了该品牌以专家为卖点来提升消费者的认可度和信任度。有的品牌甚至直接以专家作为品牌的名字，以此增强消费者的信任感，例如，李医生、王木匠等。很多品牌都会用专家作为卖点，借专家之口来改变消费者原有认知，为消费者植入新认知。

案例 49　九牧王："男裤专家"

在竞争激烈的男装市场赛道上，品牌林立、款式繁杂，九牧王却能脱颖而出，凭借独特的"男裤专家"卖点收获海量目光（见图 2-38），凸显出专家卖点的关键价值。在消费观念愈发成熟的当下，消费者往往将"专家"与专业、权威、品质紧密挂钩，这无疑是九牧王"男裤专家"走红的重要原因。

图 2-38　九牧王的宣传海报

为了深度强化“男裤专家”的卖点，九牧王积极与众多业内专业的服装设计师合作研发，提升专业形象。同时，九牧王强调其在版型研究方面的专业积累，这正是其专家卖点的坚实支柱。

此外，九牧王展现了其对产品工艺的精益求精态度，这也是其专家卖点的重要体现。比如，它宣传在男裤的制作过程中，每一道工序都犹如一场精心雕琢的艺术创作。

借由携手专业设计师、深耕版型研发、雕琢精湛工艺，九牧王不断为“男裤专家”注入灵魂，在消费者心底勾勒出独特的专家印象，当选购男裤的时刻来临，九牧王自然而然成为众多消费者的信赖之选。

案例 50　毛戈平：化妆大师自创品牌

在化妆品行业，众多国际知名品牌都是由世界级顶尖艺术大师创立的，如香奈儿、迪奥、圣罗兰、纪梵希等，其品牌产品背后都蕴含着大师对审美的独到见解与风格，因此收获了众多消费者的喜爱，这些品牌的成功充分验证了“专家即卖点”。

在国内，也有这样一个化妆品品牌，再一次印证了专家即卖点的可行性，它就是“毛戈平”。品牌创始人毛戈平出生于温州，是我国知名化妆师，自 1984 年从事化妆工作以来，他为 40 多部电影、电视剧和 20 多部舞台剧进行化妆造型设计。他打造的“武则天”“小白菜”等一系列影视人物造型已成为时代经典（见图 2-39），毛戈平被誉为“魔术化妆师”，他的化妆艺术造诣早已在海内外享有盛誉。

图 2-39　毛戈平介绍海报

自2000年起，他陆续创办了化妆艺术有限公司、化妆品有限公司、形象设计艺术学校，还推出了《毛戈平化妆艺术》等化妆专业著作，并创立了以自己名字命名的“毛戈平”化妆品牌。因此，该品牌凭借创始人专业背景在市场中获得了天然的背书。

毛戈平品牌最大的特点在于其“专业性”，毛戈平深入研究我国人民的肤质、骨相、肤色与西方人有所不同，发现西方高端彩妆产品并不完全适合国人的需求。所以在创业初期的三年里，毛戈平将主要精力集中在产品研发上，他在实验室试用每一款产品，把高光涂在脸上，将取暖器开到最大挡，测试在室温40℃时，两个小时后妆容会有什么变化。总之，每款产品在开发过程中都必须经过毛戈平的专业审查。

这些年来，毛戈平品牌产品不断进化，直到2019年，产品开始受到广泛关注。毛戈平可能未曾想到，他在20世纪80年代拍摄的化妆教学视频，多年后会在线上平台上突然爆火，受到无数年轻人的追捧，许多年轻人都渴望体验毛戈平的技艺，频繁成为热门搜索话题的毛戈平，也带动了其品牌销量的增长，毛戈平品牌产品逐渐走入更多年轻人的化妆包中。

回顾毛戈平品牌的走红，其实并非偶然。品牌创始人以化妆大师的身份为自己的品牌代言。创始人的专业背景让品牌具备天然优势，让消费者对品牌产生好感和信赖。该案例生动形象地向我们说明了专家即卖点。

案例51　瑞幸咖啡：大师为你做咖啡

瑞幸成立于2017年，目前其门店数超过了行业巨头星巴克。要知道，在国内的连锁咖啡赛道，星巴克经过20余年的发展才有了今天的成绩，而瑞幸作为一个新品牌，仅在短短几年内，就能与星巴克较量，它有什么成功密码？

答案就是瑞幸采取了与星巴克不同的差异化策略。与星巴克定位在高价位精品咖啡不同，瑞幸专注于中低价位，以大师级的精品咖啡为卖点，赢得了消费者的喜爱。因为对消费者来说，只付出中低价位的费用就能享受到一杯高品质的精品咖啡，属于高性价比的选择。

回顾瑞幸成立之初，在其品牌形象树立阶段，面临的任务具有一定难度。虽然瑞幸定价较为亲民，但它致力于避免给消费者留下廉价的印象，相反，它还要提升品牌形象，给消费者精品、高品质咖啡的印象。那么，它是如何做的呢？

瑞幸巧妙地运用了大师这一卖点。在瑞幸的宣传页面中，我们会看到其对大师团队的塑造。比如，由世界百瑞斯塔（咖啡师）大赛（World Barista Championship，WBC）世界咖啡师冠军团队精心拼配的咖啡豆（见图2-40）。瑞幸组建了一支专业的咖啡师团队，严格把控从寻豆到烘焙、研发的各环节工作，且经过反复测试，确保门店设备可以稳定出品高品质的咖啡后，才最终确定每款产品的各项参数，让每个店员都能提供“咖啡大师”级别的服务，因此消费者所享用的每杯瑞幸咖啡都体现了“大师水准”。

图2-40　瑞幸咖啡的宣传页面

瑞幸在成立初期就将大师塑造为卖点，成功提升了产品形象，因此，瑞幸成功在消费者心里建立了坚实的品牌地位，为每一家新店打下了用户基础，开辟了一条独特的快速扩张之路。

案例 52 立白：法国香水大师出品的洗衣液

立白是日化行业的一个传统品牌。立白作为传统品牌，在市场快速变化的情况下，想要寻求新的发展，同样面临诸多挑战。例如，在它所在的洗衣液赛道中，卖点应有尽有。洗衣液有去污、除菌、护衣、护色、柔顺等卖点，而且每类卖点都有代表性品牌。在这样的市场环境下，立白是如何寻求发展的呢？

立白的答案是推出了大师香氛系列产品。经过市场调查，立白发现消费者越来越关注洗衣液的香气，所以立白推出了新产品——立白大师香氛系列产品（见图 2-41），由法国香水大师精心研制。大师香氛系列产品除了拥有护色、去污、柔顺衣物等基础功能之外，还具备了核心卖点，就是它拥有大师调配的层次丰富、独特高级的香味，并采用微胶囊摩擦生香技术，使衣物留香效果可达 72 小时，接近香水级的留香效果。

立白的该系列产品非常受欢迎。数据显示，其在上市 3 个月后，销售额就突破了 1 亿元，并且被评为 2023 年天猫金妆奖年度超级新品，登上天猫好评榜、回购榜、“5·20”热销榜、“6·18”热卖榜等多个榜单，成绩显著。

其中，法国香水大师作为专家元素显著提升了香氛卖点的吸引力，消费者会认为该系列产品的香气是经过精心调配的。立白所依托的大师是谁？她是来自法国的香水大师卡利斯·贝克尔（Calice Becker），在其职业生涯中，她曾参与研发 Dior 的真我香水、阿玛尼高定私藏系列的琥珀精粹香水、雅诗兰黛的霓彩伊甸天堂香水等一众知名产品。她在行业中的地位不言而喻。

图 2-41　立白大师香氛系列产品

卡利斯将她在调制香水方面的丰富经验运用在立白洗衣液的调香上，她特别选用法国格拉斯玫瑰作为原料，这种玫瑰以其独特性、稀有度和高品质而闻名。卡利斯决定将其封装，以保留其精华，打造出极致的香氛体验。

因此，立白运用大师这一专家卖点，提升了洗衣液的香气，使得这款香氛洗衣液在市场上脱颖而出。许多消费者喜欢上该系列产品，因为其不仅可以洗干净衣服，而且可以持久留香。立白凭借大师香氛系列产品开辟了全新的市场空间，占据了新的市场份额，并成为高端洗护品牌的典范。

案例 53　牛尔：引领消费者对护肤品认知的革新

牛尔品牌以其创始人牛尔的名字命名。牛尔自幼对护肤品产生了浓厚的兴趣。从 12 岁开始尝试使用护肤品，甚至利用家中厨房的材料自制面膜。从医学院毕业后，他正式踏入美容界，开始了他的美容研究职业生涯。

牛尔因在某电视节目中担任嘉宾而受到广泛欢迎。他曾提出，尽管消费者都渴望拥有纯净无瑕的肌肤，但在现实生活中，肌肤问题（如出油、毛孔粗大、干燥、脱皮等）却时常困扰着消费者，使用正确的护肤方法有助于改善这些问题。

牛尔在护肤品行业中提出了一个观点：在选择护肤品时，消费者应考虑产品成分是否适合自己的皮肤类型。他建议，为了避免成分冲突，消费者脸部不宜同时使用超过三种品牌的护肤品。一些消费者使用护肤品后可能会效果不佳或出现过敏反应，往往是产品成分与个人皮肤类型不匹配导致的。

牛尔的这一观点，对消费者在护肤品的选择上产生了显著影响。面对不正确护肤可能带来的后果，许多消费者开始更加关注如何选择合适的护肤品。

作为一位护肤品专家，牛尔对产品的选择和推荐具有权威性。他的观点在很大程度上影响了消费者的消费决策，牛尔官方旗舰店的宣传页上强调“专业配方师出品”（见图 2-42），表明这些护肤品是由专业配方师精心研制的，旨在更好地满足消费者皮肤护理的需求。

图 2-42 牛尔官方旗舰店宣传页

专家即卖点。一些消费者认为专家推荐的产品可能更专业，所以许多品牌都会运用专家卖点来推广其产品。例如，一个净化器的推荐者中有净化专家，一件衣服的推荐者中有服装设计师，一款内衣的推荐者中有体验师，一个玩具的推荐者中有益智师，甚至一袋大米的推荐者中有营养师。

事实上，国内很多品牌通过专家推荐获得了市场认可，因为消费者在不了解产品的时候，他们更倾向于信赖专家的意见，而消费者的认知也往往会因为专家的新观点而发生改变。许多新品牌通过借助专家观点，在市场中与老品牌竞争。例如，当消费者都在关注买燕窝需要鉴别真假的时候，专家说真燕窝不等于好燕窝。消费者可能就会更关注好燕窝。许多行业的市场格局因此而不断发生变化。

那么，企业就需要思考自身的产品有什么专家元素，专家卖点又是什么。

11. 理念即卖点

为什么品牌定位常被称作抢占心智？因为消费者的购买决策通常基于一套消费指导理念。消费者对产品缺乏了解的时候，常以价格高低来判断产品好坏，此时他们的消费指导理念可能就是“便宜没好货，好货不便宜”。

当消费者面对同一价格区间的产品时，他们往往会参考其他消费者的普遍选择进行决策，此时他们的消费指导理念可能就是“大家都买的东西应该没问题”。这些理念是千百年来积累下来的认知，至今也很难被打破，它们是根深蒂固的消费理念，因此对消费决策的影响是深刻的。

由于消费决策受消费理念的影响，那么消费理念就可以成为卖点。消费者通常难以比品牌商更加了解产品和行业内幕。因此，在消费理念上，消费者是缺乏自信的，他们往往只能靠传统的消费理念来进行决策。一旦有新的理念出现，很可能会直接改变消费者的决策。例如，“科学配比的奶粉更好吸收”这一理念的出现，就有可能促使消费者采购相关产品。

在认知上，不同的理念很难共存于大脑，所以消费者可能会摒弃传统消费理念，从此以后，他们将按照一个新的消费理念来进行决策。这意味着，如果一个行业形成了一套规范的消费理念，可能会带来显著的市场变化，无论谁先提出的理念，一旦成为行业规范和标准，消费者往往会倾向于选择理念提出者的产品，并影响更多消费者，从而使理念的提出者在行业中占据领导地位。

案例 54　简爱：有一种酸奶叫“其他没了”

要在巨头环伺的中国乳制品行业取得成功是一件很难的事情，要在低温酸奶这个拥有品牌和技术双重壁垒的垂直领域脱颖而出，更是难上加难。

但有这么一个品牌，成立于 2014 年，在短短 7 年内，全年营业收入达到 30 亿，一年卖出 8.4 亿杯酸奶。这个品牌就是简爱，目前已成为低温酸奶领域的领跑者。那么，简爱是如何做到的？

在简爱看来，尽管市场上不缺乏酸奶，但仍缺少一杯高品质的好酸奶。在饮品行业问题频出的当下，饮品的添加剂五花八门，安全问题令人担忧。那么，好酸奶是什么？简爱认为好酸奶就是“无添加”的酸奶，并将“无添加”作为自己主打的理念，这也成为它在制定产品、营销、受众策略时秉承的原则。与之相对应，简爱提出了“生牛乳、糖、乳酸菌，其他没了”（见图 2-43），并将其确定为品牌广告语。如今这句广告语已经广为人知，它让简爱的“无添加”理念深入人心，并让人们意识到原来有一种酸奶叫“其他没了”。

图 2-43　简爱的广告语

由于不加任何添加剂，简爱酸奶的制作工艺和品控标准，通常会比普通的酸奶更为严格。在简爱酸奶刚开始大批量生产时，各种问题，但每批产品都经过严格的品控，确保达到标准。

看似简单的配料减少，实则有效地抢占了消费者心智。当下，年轻消费群体（尤其是女性），越来越倾向于选择“添加剂少”的饮食。在控糖控脂的轻食化趋势下，她们面对货架上琳琅满目的产品，通常会选择更加健康、安全的产品。简爱主打“无添加”理念，降低酸奶原料的复杂程度，符合了消费者的健康要求，使其产品更容易被消费者选购。

简爱的成功很好地证明了——理念即卖点，虽然酸奶行业竞争激烈，卖点同质化严重，但简爱运用“无添加”的新理念重新定义了好酸奶，让“无添加”成了消费者的选择标准，这充分说明了同质化的行业依然充满机会，谁能提出新理念，谁就有可能找到突围的机会。

案例 55 珀莱雅：“早 C 晚 A”焕亮肌肤

护肤品行业的产品不断变革与发展。近年来，珀莱雅提出的“早 C 晚 A”护肤理念在市场上掀起了一股热潮，影响了许多消费者的护肤习惯与产品选择。

所谓“早 C 晚 A”，指建议早晨使用含维生素 C 及其衍生物的护肤品，晚上则推荐使用含维 A 醇的产品。为什么珀莱雅要提出这样的护肤理念呢，研究表明，日间肌肤可能更容易受到紫外线、污染等外界因素的影响，促使自由基的产生。维生素 C 及其衍生物具有抗氧化特性，有助于中和自由基，减少黑色素形成，进而有助于预防肌肤暗沉和老化。到了夜间，肌肤进入自我修复阶段，维 A 醇可以刺激胶原蛋白生成，加速细胞更新，改善肌肤纹理，提升肌肤弹性。

基于不同时间段的护肤需求，珀莱雅提出“早C晚A”的护肤理念，并推出了相应的产品组合（见图 2-44），让消费者早晚结合使用，达到更好的护肤效果。其早 C 产品富含高浓度且稳定的维生素 C 及其衍生物，搭配多种抗氧化成分，能为肌肤提供日间全方位的防护与焕亮支持。晚 A 产品则采用温和且有效的维 A 醇配方，结合舒缓修复成分，在夜间助力肌肤修复与新生。

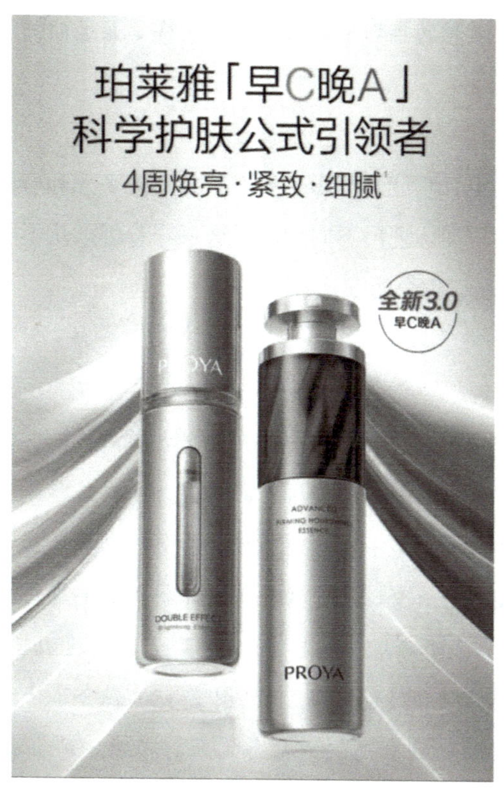

图 2-44　珀莱雅的“早 C 晚 A”产品组合

传统护肤产品可能功效单一，不是提供一个全面、分时段的系统护肤方案。与之相比，珀莱雅“早 C 晚 A”这一系统化的护肤方案有助于肌肤在日夜交替间得到全面呵护与提升，使消费者能够享受到专业的护肤体验。珀莱雅基于“早 C 晚 A”这一理念，在产品研发上展现了创新精神，这不仅为消费者提供了全新的高效护肤思路，而且使珀莱雅在竞争激烈的市场中脱颖而出，获得了显著的关注，也赢得了消费者的青睐。

理念即卖点，它能直接影响消费者的消费观念和行为。同一种产品可以从不同角度体现出不同理念，这意味着可以从不同的维度找到差异化理念，所以理念卖点异彩纷呈。

案例 56　云南白药：“含药创可贴”

在提出“含药创可贴”这一创新理念之前，云南白药主要以生产和销售各类中药制剂和相关健康产品为主，在医药行业已树立起一定的威望与声誉，积累了丰富的制药经验和深厚的中药知识储备。随着市场的持续发展与演变，消费者对于伤口护理的要求日益提升，云南白药敏锐地认识到了市场对更先进的创可贴产品的迫切需求。

云南白药的“含药创可贴”（见图 2-45）融合了传统中药精华与现代科学。其独特的含药配方具备止血、镇痛、消炎和促进伤口愈合等多重功效，补充了传统创可贴的物理止血功能，为伤口提供了全方位、多层次的护理解决方案。这一创新理念不仅体现了云南白药对传统中药的深刻理解，也展示了其在现代医疗用品领域的创新能力。

“含药创可贴”的成功凸显了理念卖点在市场竞争中的重要性，在激烈的市场竞争中，品牌要善于挖掘自身优势，精准把握市场需求，以创新的理念卖点为引领，打造具有核心竞争力的产品。

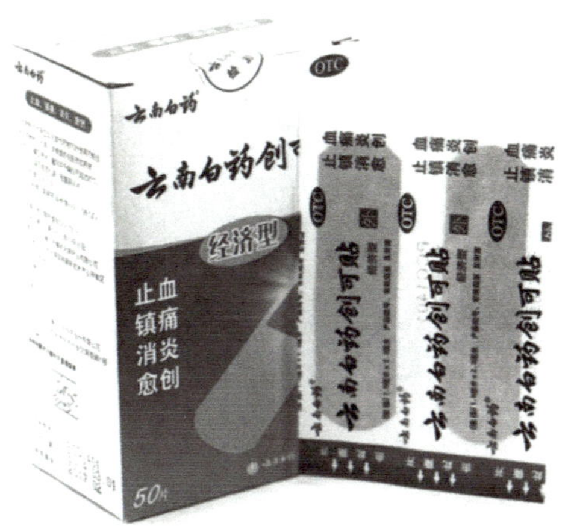

图 2-45　云南白药的“含药创可贴”

案例 57　公牛：“轨道插座”

在插座市场，多数品牌以插孔数量、过载保护和外观设计作为卖点来吸引消费者。人们在选购插座时，通常在基础功能和外观设计的产品间做出选择。然而，公牛推出的“轨道插座”独树一帜（见图 2-46）。

这款“轨道插座”之所以受欢迎，很大程度上是因为它体现了一种全新的消费理念：插座不应仅仅是提供电力接口的简单装置，而应配备轨道设计，因此，在选择插座时，消费者可以考虑选择“轨道插座”。“轨道插座”这一理念改变了消费者对插座的传统认知。

与普通插座相比，公牛的“轨道插座”显示出较高的灵活性。一旦安装，普通插座的插孔数量和位置通常就固定了，可能导致新增电器时插孔不足或位置不合适。相比之下，公牛的“轨道插座”采用轨道式设计，其主体轨道可安装在墙面或台面上。使用者可根据实际用电需求，自由搭配插入不同数量的可移动插座模块。

图 2-46　公牛的轨道插座

在外观设计方面，公牛的“轨道插座”独特的设计语言和高品质的材质选择，展现了公牛对产品美学和用户体验的深刻理解。“轨道插座”不仅简约时尚，而且细节处理精致，色彩搭配美观，能够与现代家居装饰和谐统一，提升整体美感，使其成为家居装修的亮点之一。

在公牛“轨道插座”的案例中，我们见证了一个品牌如何通过创新的理念卖点获得成功。在保温杯行业，创新的理念卖点也能引领市场变革，带动品牌的发展。飞剑保温杯的诞生正是基于理念卖点的创新。飞剑保温杯不仅满足了保温的基本需求，还解决了消费者对饮品保鲜的深层次需求。

案例 58　飞剑：不只是保温，更能保鲜

保温杯的主要功能就是保温，该市场产品的卖点趋于同质化，价格竞争激烈。就在此时，飞剑诞生了。它提出了全新的理念——不只是保温，更能保鲜。新理念一经推出，整个保温杯行业被重塑了。

飞剑研究发现，市面上许多保温杯使用一段时间后容易结垢，滋生细菌，这可能导致饮用水不新鲜，有时伴有异味。除此之外，某些保温杯还可能会对人体的健康有潜在危害，虽然这些保温杯用的是不锈钢材料，但实验表明，这些材料并非完全“不锈”，而是“不易锈”，长期使用可能会生锈，存在重金属析出的风险。

为了更好地保障消费者饮用水的安全，飞剑创新性地提出了保鲜的理念，它认为好的保温杯不应只关注保温，还应该可以“保鲜”，这样人们喝到的每一口水都更新鲜，也更健康。这一举措让飞剑迅速突围，成为保温杯行业的破局者。

飞剑采用了成本更高的钛材料来制作保温杯（见图 2-47）。钛是一种被广泛认可的无毒材料，该材料广泛应用于军工、航天、机械制造等领域，可制成飞船的“外衣”，凭借耐高低温、抗强酸碱、高强度、低密度等一系列特性，以及天然的抑菌性与亲生物性，钛在

食器制造中享有很高的声誉。传统保温杯可能不适合存放咖啡、牛奶和碳酸饮料等饮品，而钛材料则不易与这些饮品发生化学反应，并且能抑制微生物的生长，从而延长保鲜时间，确保饮品新鲜、安全。

图 2-47　飞剑的宣传页面

飞剑采用其独创的保鲜理念来制造保温杯，这一理念改变了消费者对保温杯的选择标准，使飞剑成功在保温杯市场中崛起。

理念即卖点。好的理念对外可以包装成卖点，对内可以作为产品的价值观指导产品发展。若产品与某种理念在消费者心中形成紧密的联系，那么认同这一理念的消费者购买其他产品的可能性就会降低。例如，消费者若认可具备保鲜理念的保温杯，那么他们就可能会倾向于购买飞剑的纯钛保温杯。

事实上，每个产品都可以从不同角度来树立新理念，而这些理念均有潜力转化为新卖点，并直接影响消费者的认知，改变消费者的购买决策。因此，企业应当思考自身产品有什么可以影响消费决策的理念。

12. 情怀即卖点

情怀是什么？情怀是一种高尚的心境、情趣和胸怀。

互联网中，以情怀为卖点的早期成功案例之一是小米。提及小米手机，人们会自然地联想到其标志性的广告语——为发烧而生。当初，小米为了满足一群痴迷于性能的手机发烧友，深入钻研技术，最终研发出高性能的手机，这种“为发烧而生”的情怀受到消费者的追捧，并吸引了众多忠实的“米粉”。

如今，情怀被很多新产品当作卖点，这已经成为常态。因为情怀能够把产品人格化，让消费者很好地感受到产品的人情味，仿佛自己不是在消费一件产品，而是在与一个有情感的个体交流。

以情怀为卖点的品牌通常展现出以下几种特点。

（1）反其道而行之，明确拒绝某些做法——白象拒绝外资入股，中国人要做中国面。

（2）旗帜鲜明地说只做什么——张小泉百年来恪守“良钢精作”的祖训。

（3）抵制商业诱惑，只做好产品——轩妈蛋黄酥坚持没有好蛋黄就不开工。

（4）追求产品的完美——苹果宣传其独特的产品美学。

（5）为特定人士——轻生活宣传是为女朋友而做的卫生巾。

（6）坚持某种品牌理念和精神——太二酸菜鱼以其“酸菜比鱼好吃”的理念著称。

案例 59 太二：酸菜比鱼好吃

太二成立于 2015 年，是九毛九餐饮集团旗下的一个互联网餐饮品牌，成立短短数年，就成为餐饮界的新晋网红品牌。太二的成功离不开其独特的产品情怀，此份情怀打动了无数消费者。

太二的产品情怀体现在方方面面。首先是太二的命名。为什么叫太二？据说是老板专心做鱼，而忘了开门，大家觉得“很二”，于是取名“太二”。品牌名字背后蕴含的“专心致志做产品、不经意间忘开门”的产品精神，让人印象深刻。

其次，太二的广告语也体现了其产品情怀——酸菜比鱼好吃（见图 2-48）。这暗示着，连酸菜都好吃，鱼怎么可能不好吃？彼时大多数同行都在强调鱼有多么好吃，所以太二的这个广告语很独特，给人留下了深刻印象，成了一句知名的广告语。

图 2-48 太二的广告语

最后，太二还设定了许多独特的规则，虽然看起来不寻常，但均源自对产品和用户体验的严格追求。比如，它曾提出每天只卖100条鱼，卖完就打烊。这是因为太二每天供应的达标好鱼的数量有限，选用新鲜的活鱼现杀，卖完即止，加上每天自家腌制的酸菜也只够做100条鱼的量，所以，店里宁愿不营业、不接客，也要保证出品品质。

太二对酸菜鱼实行定量销售，因为其对酸菜品质有严格要求，它认为没有好的酸菜，做不出好的酸菜鱼，所以每家门店都有一个专门的酸菜腌制区，还原重庆当地地窖特征，选天然的好泉水制作盐水，酸菜需要腌制35天，保证口感脆爽、酸味达标。

总之，太二在品牌命名、广告语和门店规定等多方面都很独特，让消费者深刻感受到品牌独有的匠心精神、新奇体验和产品主义，由此，太二酸菜鱼成功占领消费者心智，打响了自己的名声。

情怀的卖点虽好用，却不可滥用。近年来，不少产品靠情怀卖点来吸引消费者，但如果产品无法为消费者提供相应的价值，这种做法可能会引起消费者的反感。所以，品牌在利用情怀作为卖点时，一定要让消费者得到超出期待的价值或体验。

案例60　猫王音响：听的是一份情怀

长期以来，蓝牙音响的市场主要围绕价格和补贴展开竞争，产品外形趋于同质化，技术上也鲜有重大突破。随着技术门槛逐渐降低，蓝牙音响越来越便宜，价格竞争进入白热化，生意越来越难做。

猫王的出现惊艳了整个蓝牙音响行业，它成功地将蓝牙音响推高至新的价格区间。这时，大家才意识到，原来蓝牙音响还可以这么卖。猫王是怎么卖的呢？有别于同行的科技新潮风，猫王主打的是复古情怀，它将产品设计成具有复古风格的收音机，充分彰显内涵和品位（见图 2-49），为消费者带来独特的情感体验。

图 2-49　猫王的复古音响

收音机原本是电台文化的产物，也曾是 20 世纪 80 年代的流行产品，虽然那个时代已成为历史，但很多人仍然对其充满感情。猫王成功激发了消费者的情感共鸣和怀旧情怀，让人们感觉自己听的不仅仅是歌曲，更是一份情怀。

猫王的成功主要归功于其独特的情怀卖点，当下，越来越多品牌以情怀作为卖点，在市场中掀起了一股“情怀消费”的风尚。消费者为情怀买单的逻辑是什么？随着国民消费水平的不断提升，人们对产品的需求也从追求实用性能逐渐过渡到追求情感体验，这正是情怀卖点日益受到青睐的原因。

案例 61　轩妈：有爱才有味

提到中式糕点品牌，很多人会想到轩妈。如今轩妈的一款蛋黄酥产品已经是市场中的“网红”产品，深受广大消费者的喜爱，该品牌也已成为中式糕点的领先品牌，然而在此之前，该行业并没有明显领先的品牌，行业集中度相对较低。因此，轩妈作为一个新品牌，能迅速成为领先品牌，值得我们深入研究。

“轩妈”这个名字取得恰到好处，听起来与普通糕点有所区别，它给人的感觉是这款糕点不是出自冷冰冰的工业化生产，而是仿佛出自母亲之手，充满了亲和力。实际上，这背后也有一个温暖的故事：轩妈的孩子轩轩有些挑食，于是她就变着花样给孩子做好吃的，直到有一次她做了一款蛋黄酥，轩轩一口气吃了三个还意犹未尽，这促使她继续给孩子做蛋黄酥。后来，她成立了品牌，并为其取名“轩妈”，以此提醒自己，满怀母爱制作每一个蛋黄酥。

轩妈秉持的价值观就是“有爱才有味”。2020 年，轩妈进一步提出了“没有好蛋黄，轩妈不开工”的广告语（见图 2-50），这表明在蛋黄质量没有达标的情况下，轩妈不会为了追求利润而产出不合格产品。

图 2-50　轩妈的广告语

在某年中秋节，轩妈就曾拒绝使用原供应商提供的不符合品质要求的蛋黄，即使面对消费者需求和公司运作的压力，轩妈也选择了停产。在停产期间，经过几轮筛选，轩妈团队找到符合要求的高品质蛋黄，才终于复工。

不仅如此，即使在机械化生产的时代，轩妈仍然坚持人工筛选每一颗蛋黄，并制定了严格的验货标准。除了人工质检蛋黄之外，轩妈还使用了成本较高的进口黄油，使产品的口感更佳。

轩妈抵制商业诱惑，只做高品质的蛋黄酥，这份对产品的执着情怀在工业化生产的时代更加珍贵。这份情怀打动了不少消费者，轩妈的产品因而广受欢迎。市场数据显示，轩妈蛋黄酥的销售额从 2016 年的 6000 万元增长到 2020 年全年 5 亿元，迅速成为天猫糕点类目销量领先产品。

产品的同质化竞争几乎不可避免，如果企业要避免陷入价格战，就要重新挖掘卖点。一个品牌若要获得消费者认同，必须具备独特的卖点，以情怀为卖点，可以触动消费者的情感，给消费者留下深刻的印象，轩妈的案例正是这一策略成功的证明。

案例 62 轻生活：一片为女朋友做的卫生巾

轻生活是一个做卫生巾的国货品牌，在它成立之初，卫生巾市场竞争激烈，轻生活能迅速突围，让人不禁产生好奇。

这个卫生巾品牌最初定位的消费人群是男性。“卖给男人的卫生巾”初听怪异，但实际上别有情怀。原来，轻生活希望卫生巾可以成为男性送给女朋友的礼物，这样可以表达出自己的爱意。

轻生活创始人是一位男性，起初他并没有考虑去做卫生巾的生产，甚至觉得男人去做卫生巾生意是很奇怪的事。然而，他女朋友在买卫生巾时的不便和困扰改变了他的想法。他的女朋友是敏感体质，她发现市面上的一些卫生巾容易引起过敏，且许多卫生巾还有荧光剂、染色剂和甲醛等有害物质，选择合适的卫生巾成了困扰她很久的问题。

有一次，轻生活创始人的女朋友提出“要不你做一款卫生巾吧”，就这样一个半开玩笑的提议，让他开始认真考虑给女友做一款安全又舒适的卫生巾。他花了半年时间研究卫生巾市场，最终发现这确实是个值得投入的领域，于是决定成立卫生巾品牌。品牌创始人不仅仅要送给女友一份好的礼物，还希望广大的女性朋友能用上更舒适、更安全的产品。

为了做好卫生巾，他深入研究市场后发现，卫生巾的关键是材质。为了能够真正满足女性的需求，他拿自己的脸做实验，每天睡前、醒来都要用脸蹭一蹭各种材质的样品，以挑选出既舒适又不致敏的材质。经过大量实验，他发现用天然棉花经过轻加工形成的“纯棉”表层，对敏感肌肤人群更加友好。

因此，轻生活品牌创始人坚持要用纯棉作为面料，而且要求无化学添加剂，真正做到零荧光剂、零染色剂、零甲醛。这样即便是敏感肌肤人群，也可以放心使用。

后来，轻生活创始团队花了大半年的时间终于推出了第一代产品，并将其命名为“轻生活”，定位为“男性购买的第一款卫生巾”。

凭借独特的产品情怀，借助互联网的推广，“轻生活”迅速广为人知，销量显著增长。

案例 63　白象：一碗方便面的家国情怀

白象前些年已经淡出市场。然而近年来，白象的知名度和销量实现了翻倍增长，再次回到了大众的视野中。

2022 年“3·15”晚会曝光了部分老坛酸菜食品的安全问题时，白象以坦诚的态度，在微博声明“一句话：没合作，放心吃，身正不怕影子斜”，这条微博迅速登上热搜，许多网友纷纷前往白象直播间，将其橱窗商品一扫而空。白象的声望因此得到提升。

而当时北京冬季残奥会刚结束不久，“白象有三分之一的员工是残疾人”的信息很快被传播开来，这让网友们再一次看到了白象承担的社会责任与其积极正面的企业形象。

白象的正面形象迅速提升了网友的好感，并且激发了他们深入了解品牌历史的兴趣。原来每当国家有困难，白象总是积极伸出援手，从2008年全力驰援汶川地震，到2010年跋涉2300多公里亲赴玉树地震一线抗震救灾；再到2021年河南省暴雨期间第一时间捐款和提供大批物资（见图2-51）。

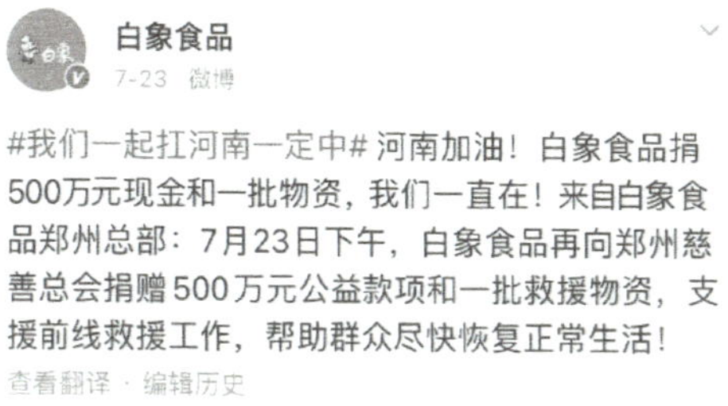

图 2-51　白象捐赠救灾

白象热心公益的种种事迹凸显了其“家国情怀”。值得一提的是，白象董事长姚忠良曾拒绝外资入股，他多次公开表示：我们是中国人，是中国企业，就要为中国人做一碗地地道道的中国面。

许多消费者被严于品控、情系民众、心怀家国的白象打动，在2022年天猫“6·18”购物节期间，白象销售额位列方便面细分品类之首。

我们可以看到，白象是“情怀即卖点”的鲜明例证。该品牌突然火爆的重要原因之一是品牌基因中融入了家国情怀与善良品质，它的火爆并非偶然，而是在拥有一定知名度的基础上，白象与国人内心的家国情怀同频共振，其销量与美誉度实现了爆发式增长。

情怀即卖点。消费者购买产品时，他们关注的不只是产品的功能价值，更是在追求情感价值和情怀体验。因此，企业应当思考自身产品能给消费者提供何种独特的情怀体验。

13. 科技即卖点

在科技变革时代，科技产品越来越受欢迎，诸如智能手机、智能手表等产品，已经成为人们生活的一部分。科技产品给人们带来便利性、实用性，人们对科技产品越来越依赖，在购物时往往更倾向于选择高科技产品或者有技术含量的产品，因而科技也成了重要的卖点。

举例来说，家电行业就是“科技战”竞争激烈的行业之一，比如电视机，从黑白电视到彩色电视是一个巨大的科技进步，在彩色电视普及后，电视机品牌又开展了新一轮“科技战”，推出了多种新的科技卖点。例如，数字电视、数码电视、全媒体电视、等离子电视、变频电视、3D 电视、4K 电视、云电视等。

不只是家电行业，内衣行业也在进行“科技战”。比如在保暖内衣行业中，高科技保暖内衣受到欢迎。2023年，保暖内衣品牌纷纷推出“高科技”的产品卖点，出现了“气凝胶”“石墨烯”“3秒自发热的德绒黑科技”“碳元素锁热”等高科技卖点，这些创新使得保暖内衣赛道的科技气息浓厚。

各行各业都在研究新科技，每年都会有各种新科技产品及科技卖点被推出，以满足消费者对科技产品的期待。

案例64 黄教授：烧鸡也有“科技味”

一只烧鸡，还能怎么卖？黄教授给出了答案。与普通烧鸡不同，黄教授的烧鸡因其具有“科技味”而引发了不少关注。

原来，这款有“科技味”的烧鸡转化自黄教授的科研成果。2003年，博士毕业的黄明留校任教，在南京农业大学从事科研工作，他研究的方向是肉品加工与质量安全控制。在研究期间，他发现市场上许多烧鸡是由小作坊生产的，这些小作坊为了让烧鸡更香，常常滥用食品添加剂。长期吃这类小作坊生产的烧鸡，可能损害人们的身体健康。

黄教授尝试将科研成果运用到烧鸡等熟食的制作中，一款有“科技味”的烧鸡就此诞生了。黄教授采用了内源酶成熟调控技术（见图2-52），通过分解出咸味肽和鲜味肽来部分代替盐和味精，这样的调味技术让黄教授做出来的烧鸡在低盐低钠的同时，既美味又健康。

图 2-52　有“科技味”的烧鸡

此外，传统烧鸡的烹制过程中需要油炸，这可能导致油脂中的不饱和脂肪酸在热的作用和氧的参与下，发生化学反应，进而产生致癌物质。为减少油炸食品可能带来的危害，黄教授开发了一种自动分离油水的油炸设备。这一设备可以使油炸过程中产生的部分有害物质被水吸收或沉淀。随着技术的成熟，该设备已获得国家实用新型专利和发明专利两项授权。

因此，原本仅用一口锅、一个案板、一把刀就能制作的传统烧鸡，通过融入科技元素，有了“科技味”,“黄教授”品牌在当地也渐有名气。黄教授烧鸡比普通烧鸡更安全、健康，且风味独特，所以越卖越火爆，在短短几年内，品牌在南京及周边城市开了30余家分店。

随着人们健康意识的增强，越来越多人开始追求健康的生活方式，黄教授的科技食品很好地满足了这种追求，因而赢得了消费者的认可。

案例65　猫人：25年专研科技内衣

传统品牌由于历经不同周期，可能更容易面临老化问题，这通常表现为品牌知名度虽高，但在消费者实际购买时却难以被想起。猫人作为传统内衣品牌代表，也存在以上问题，这背后的核心问题之一，便是品牌定位不够清晰。有效升级品牌定位，成为猫人的当务之急。

在2023年，猫人决定将定位升级为“25年专研科技内衣”。回顾猫人25年的发展历程，可谓是一部“内衣科技史”(见图2-53)。

可以说，猫人的新定位“科技内衣”基于其长期保持的“科技基因”，同时，这也是猫人能引领市场的优势所在。通过25年深耕内衣面料科技，猫人积累了一批全球科技研发供应链资源，作为科技内衣领域的重要参与者，猫人的品牌定位名副其实。

猫人强调“科技”，这不仅源于其内在的科技基因，更是基于对产业发展阶段的精准研判以及对消费者需求的深刻洞察。随着消费者的消费需求不断升级，他们对产品的品质要求更高，以科技为卖点的产品往往被认为具有更高的品质，更容易吸引消费者的注意。

年份	事件
1998年	品牌创立时就与新疆长绒棉生产机构成为战略合作伙伴
2001年	开始与美国莱卡建立深度合作
2003年	与奥地利兰精莫代尔成为全球战略合作伙伴
2004年	推出独家热力绒面料科技
2006年	与日本东洋纺联合推出羊毛梦薇暖科技面料
2009年	联合美国国家航天局研发出outlast科技面料
2011年	联合日本三菱美雅碧推出新一代羊毛美雅碧系列
2014年	率先采用全新羊毛冰霜面料
2015年	推出生物质石墨烯内暖纤维
2016年	推出主打轻氧酵素的一秒即热技术
2017年	率先采用蚕蛹蛋白纤维科技面料
2019年	推出轻燃衣1.0
2020年	率先推出被誉为“合成羊毛”的双腈纶纱面料
2021年	推出热八度系列，采用独家中空翼暖技术

图 2-53　猫人的过往事件

基于此，猫人迎来了业绩的新高峰。以猫人旗下的核心产品内裤为例，猫人推出了主打“0 束缚、0 闷热”的零感舒适科技内裤，一经上市便成为爆款。除此之外，猫人还研发了热力绒、轻燃衣、热八度、科技家居服等多款科技内衣产品，深受粉丝喜爱。以科技为卖点，猫人成功重塑了其品牌形象。

如今，随着“00后”等新一代年轻人逐渐成为消费主力军，带有科技卖点的产品更受欢迎。由于新一代年轻人生长于科技高速发展的时代，自幼接触的产品就具有科技特征，因此，他们更喜欢为生活带来便利的高科技产品。

案例66　觅光：科技美护倡导者

当今，随着现代女性的消费和求美观念的转变，借助科技手段变美逐渐成为一种时尚。

觅光品牌成立于2015年，它将自身定位于拥有前沿科技的美肤品牌，致力于为消费者提供创新的科技美护体验。品牌的创始团队来自清华大学、浙江大学、复旦大学、麻省理工学院等知名学府，具备跨领域科研实力。觅光从发展初期便积极投身于医疗科技领域，钻研光电技术，推动产学研医合作，以“高科技化妆镜”为起点，持续推动产品创新与科研成果的转化。

觅光选择以“高科技化妆镜”作为切入点，首先是因为市面上大多数镜子功能有限，暂无“高科技化妆镜”这一品类；其次是因为消费者越来越爱美，镜子也成为化妆时的必需品。调研显示，超过80%的女性每天使用镜子的时间不少于30分钟，镜子逐渐成为女性生活中的高频刚需品。由于传统镜子受技术限制，难以满足女性对化妆和护肤的需求，因此，高科技的化妆镜成为爱美女士的迫切需求。

为此，觅光研发出了“PURELUX明肌光”的专利技术，让光线经过多次的光反射均匀反射在用户脸上，创造出仿佛佩戴“光学面具”的效果；同时，使用了通过光生物安全检测的柔和不刺眼的光源，从而打造了国内首款LED高显色、高清的还原日光级别的高科技化妆镜（见图2-54），满足了女性消费者对精细化妆的需求，迅速赢得了她们的关注与喜爱。

图2-54　觅光高科技化妆镜

凭借强大的科技卖点，觅光自推出以来在市场中获得了大量关注，赢得了消费者的喜爱。

上述案例说明，在化妆镜品类中，科技卖点非常有效。与之相似，在全身镜品类中，品牌若想在市场上脱颖而出，科技卖点同样有效。例如，近年来兴起的新锐品牌 FITURE，再一次向我们说明了科技卖点的强大力量。

案例 67　FITURE：科技健身镜的魔力

诞生于 2019 年的 FITURE，推出了其主打产品“魔镜”，这是一款镜子产品，其上市售价为 8200 元。尽管价格不菲，FITURE 的产品推出后却受到了消费者的追捧，还获得了资本的偏爱，在短短两年内获得了四轮融资。FITURE 的镜子到底有什么“魔力”?

初看之下，这似乎是一面普通的穿衣镜，一件日常家居用品。但启动电源后，它便转换为具备科技功能的健身镜，镜面屏幕上会立即展示多个健身教程，人们可跟随教程中的“教练”，进行瑜伽、搏击、有氧舞蹈等多种锻炼。当训练者的动作不够标准时，镜面还会出现提示信息，帮助其矫正姿势，实现体态调整（见图 2-55）。这意味着购买 FITURE 的镜子相当于聘请一个虚拟健身教练，这就是消费者愿意高价购买的主要原因。

为什么一面镜子拥有如此神奇的魔力？FITURE 联合创始人兼首席技术官解释道，镜子背后集成了一套先进的人工智能技术，FITURE

的产品内置了高清屏幕、话筒阵列、AI传感器等，同时它搭载了公司自主研发的姿态识别算法和运动分析引擎，因此可以对使用者的动作进行实时捕捉和分析，使用者不用穿戴任何设备，就能完成人机交互。

图 2-55　懂调整体态的“魔镜”

一面镜子融入了科技元素，就变得有魔力，彰显着独特魅力。可见，科技即卖点，普通品类的产品搭载了高科技会带来显著的变化。现在，许多品牌纷纷推出科技健身镜，开始了激烈的竞争。而FITURE在与其他品牌的竞争中，已经占据了先发优势。

毫无疑问，我们已经进入了一个科技创新产品不断涌现的时代，新技术、新产品和新概念层出不穷。但品牌只有在技术上不断创新，才能让消费者真切体会到产品的利益点，否则可能引起消费者的反感，影响品牌的形象。

案例 68　润百颜：护肤品也打“科技战”

伴随科技的发展，“科技护肤”也成为一种趋势。我们不难发现，像雅诗兰黛、资生堂、欧莱雅等国际品牌纷纷加大了科研力度，而像华熙生物、悦可丽等国内品牌也在加强自身的技术研发，打造自己的科技产品。

以国内品牌华熙生物为例，它开发了与玻尿酸护肤相关的独特关键技术，并应用于旗下品牌润百颜的护肤品中。

此外，润百颜还引入了 BFS 无菌灌装技术，这在护肤品行业中是一次颠覆性创新。

2022 年，润百颜凭借创新技术，推出了抚纹靓透次抛精华这一新品，这是润百颜打造的又一大单品，它开启了玻尿酸科技护肤抗皱的新时代。

润百颜坚持技术创新，严格把好质量关和安全关，在当前抗皱抗老的护肤市场中，为消费者解决了关键问题，赢得了大批粉丝的喜爱。

随着每一次新技术浪潮兴起，众多产品纷纷推出其科技卖点，让消费者应接不暇。消费者往往相信科技的力量，并认同“科技是第一生产力”，认为科技代表着先进性，能给自己带来更多新颖独特的体验，所以当很多产品以科技为特色出现时，普遍都会受到消费者的喜爱。这就是，科技即卖点。

卖点设计风暴

本篇为读者提供了消费者需求分析表、竞品分析表、产品升级头脑风暴表、跨行业头脑风暴表和卖点设计头脑风暴表（见表 3-1 至表 3-5），供大家设计卖点时使用。

表 3-1　消费者需求分析表

消费者年龄	例证：18 ～ 28 岁为主，29 ～ 35 岁为辅
消费者职业	例证：学生 / 刚工作的白领
消费者性别	例证：女性为主
消费层次	例证：消费总金额较低 / 消费频次较低 / 内衣价格区间为 39 ～ 69 元

续表

主要成交关键词	例证：内衣聚拢 / 内衣无钢圈
核心需求	例证：聚拢 / 无钢圈
未被满足的需求	例证：超薄型聚拢 / 超薄型无钢圈
附加需求	例证：蜂窝理念 / 透气 / 超薄
反馈痛点	例证：不聚拢 / 挤胸 / 不透气
整理来源	消费者评价 / 客服聊天记录 / 成交关键词

表 3-2　竞品分析表

行业销量 TOP 20 产品优势总结	例证：陶瓷滤芯 /0.2 微米净化 / 矿物质保留净化 / 终身保修 / 德国技术 / 深海硅藻陶瓷 / 银离子抗菌球 / 6 层过滤 / 废水比 1∶1
行业综合排序 TOP 20 产品优势总结	例证：不锈钢滤芯 / 送 4 年滤芯 / 瓶装矿泉水标准 / 3 重活性炭 / “净水机 + 饮水机”一机两用 / 进口品牌
行业中端价位 TOP 20 产品优势总结	例证：母婴级直饮矿物质水 / 无废水 / 不用电 / “净水机 + 饮水机”双合一 / 自动清洗 / 能加热的净水机 / 不换滤芯

续表

中端价位综合排序 TOP 20 产品优势总结	例证：不占地方 / 高强磁化、7 层净化 / 双级过滤 / 全屋前置过滤器
行业高端价位 TOP 20 产品优势总结	例证：纳米过滤技术 / 智能手机监控 / 厨下式 / 会烧水
高端价位综合排序 TOP 20 产品优势总结	例证：重金属也能净化 / 大容量出水 / 无铅不锈钢
可借用的卖点总结	例证：矿物质净水机 / 母婴标准 /0.1 微米净化
可升级的卖点总结	例证：碱性水净水机
整理来源	关键词的销量排序和综合排序

表 3-3　产品升级头脑风暴表

包装升级	例证：包装内增加趣味小物件，如故事书
外观升级	例证：把电推剪外观设计为彩色的
材质升级	例证：使用不锈钢材质的过滤器
工艺升级	例证：银离子抗菌 + 3 层过滤

续表

功能升级	例证：加热净化饮水机
整理来源	团队头脑风暴

表 3-4　跨行业头脑风暴表

相似人群属性类目	例证：女性白领（辣条消费者 / 鸭脖消费者 / 代餐粉消费者 / 花茶消费者） 例证：营养 / 新鲜 / 无菌生产 / 签约种植地 / 无添加 / 低糖低热量
相似类目属性类目	例证：地域属性（精油类目 / 茶叶类目 / 蜂蜜类目） 例证：只选用保加利亚的玫瑰 / 荒半年种半年 / 在规定时间内采摘
相似需求属性类目	例证：健康营养属性（孕期食品 / 哺乳食品 / 糖尿病患者友好食品 / 婴儿食品） 例证：低糖低脂 / 不上火 / 配方科学 / 破壁吸收
可借用的卖点总结	例证：低糖低脂 / 孕期理念 / 不上火 / 高原环境
可升级的卖点总结	例证：孕期低脂坚果（减肥塑形）
整理来源	关键词的销量排序和综合排序

表 3-5　卖点设计头脑风暴表

项目	虚卖点	实卖点	卖点与“炸点”	卖点进化
外观即卖点				
材质即卖点				
工艺即卖点				
功能即卖点				
时间即卖点				
数字即卖点				
地域即卖点				
人群即卖点				
专家即卖点				
理念即卖点				
情怀即卖点				
科技即卖点				
整理来源				

后记

卖点有极其多的角度，远不止单一角度的描述；

卖点有极其广的宽度，远不止单一层面的表述；

卖点有深度，可以进化为不同层级的表现形式；

卖点源于需求，而需求源自追求快乐与减轻痛苦；

卖点可以成就一个品牌，也可以提升一个类目。

本书中讲到的所有案例，仅展示了卖点的某些方面，这些案例还远远不能够表达卖点的多维特征。

三流的企业停留在卖产品的层面，

二流的企业停留在卖品牌的层面，

一流的企业停留在卖理念的层面。

卖点有重要性之分，也有层次之别，企业的愿景决定企业的品牌高度。卖点需要不断地进化，才能推动商业的创新和发展。

优秀的品牌策划人员往往是天马行空、灵光闪动的。如果每天用多个角度来看世界，看得多，自然就能跨界思考、融会贯通。

如果你对品牌策划和卖点设计感兴趣，可以多和品牌策划人员交流，融入学习和交流圈子中，也许下一个创意就自然产生了。

最后，希望本书可以激发你对产品力重塑的一些思考，这就够了。